「自分の意見」ってどうつくるの?

哲学講師が教える超ロジカル思考術

平山美希
Hirayama Miki

WAVE出版

はじめに

突然ですが、みなさんは会議や話し合い、グループディスカッションなどで意見が言えなくて困ったことはありませんか？

「何を言えばいいのかわからない」

「当たり前のことしか浮かばない」

「他の人のコメントと同じだなんて言いづらい」

何か言わなきゃと思うとよけいに焦って、頭が真っ白になってしまいますよね。

そもそも私たちは、自分の意見の組み立て方を学校で教わってきませんでした。

だから、「あなたはどう思う？」と言われるとアタフタしてしまうのです。

でも、安心してください。

本書の目的は、自分の意見をつくることに苦手意識を持っている人たちに、考え方のヒントを提供することです。

最初に自己紹介をさせてください。

私は哲学講師の平山美希と申します。

現在、フランスに住んでいます。

フランスに来たのは、哲学を学ぶためでした。

日本の大学に在学中、フランスの哲学者シモーヌ・ヴェイユに興味を持った私は、さらに深く学ぶためにパリのソルボンヌ大学に編入し、本格的に哲学研究を始めたのです。

フランスの大学の哲学講義は、想像していたものとはまったく違っていました。

「哲学科なんだから哲学について学ぶのだろう」くらいに思っていたのですが、よく調べないで留学したことを後悔することになりました。


実は、今でこそ哲学の専門家を名乗っている私ですが、もともと自分の意見を強く主張したり、思考を掘り下げたりするタイプの人間ではありませんでした。

むしろ、考えることが苦手だったと言ってもいいくらいです。

高校を卒業するまで、私は学校の勉強をゲームのようにとらえていました。

先生が授業中に言ったことや教科書の内容を覚えていれば、自然とテストで良い点が取れる。だから、集中して「正解」を覚えればいい。

そんなふうに思っていたのです。

しかし、志望していた大学に入学し、本格的に学問を学ぶなかで、私はひとつの壁に直面してしまいました。

あるとき、哲学の講義のなかで「この本の指定した箇所を自分の言葉で書き直しなさい」という課題が出されたのです。

私には、その課題がまったくできませんでした。

そもそも「自分の言葉」とはどういうものなのか、よくわからなかったのです。

今の私が「自分の言葉とは何か？」と聞かれたら、それは自分の頭で考えたことを他人に伝わる形にしたものだと答えるでしょう。

自分の言葉がないということは、自分の考えがないのと同じこと。

言われたことだけをひたすらやってきた私には、考えるとは何をすることなのか、よくわかっていませんでした。この経験をして以来、私は独自の考えや意見を持てないことにコンプレックスを抱えていたのです。

漠然と「変わりたい」とは思っていましたが、どうしたら変われるのかはわかりませんでした。そんなとき、哲学とフランスに興味を持ったことから、「じゃあ、フランスで哲学を学んでみよう」と、留学を決意したのです。

「フランスに行けば変われるんじゃないか」と軽い気持ちで留学したのですが、現実はそんなに甘いものではありませんでした。

私が留学中に直面したのは、持論をうまく主張できないという問題でした。これはずっと私が苦手だと感じていたことでした。

フランスの哲学科で学ぶのは、考え方とその伝え方です。

論述試験でも口頭試験でも、自分の主張の正当性を示す方法を徹底的に教え込まれました。それはもう、スパルタ式の特訓です。

私は「人それぞれです」「時と場合によります」という当たり障りのない言い方で逃げようとしていましたが、フランスではこういう言い方は「面白くない!」と全否定されます。

あるとき、教授が私の目を見て、言いました。

「人それぞれかもしれないけど、あなたはどう考えるの？　自分の考えはないの？」

そのとき私は気がついたのです。自分の考えなど誰も求めていないのだと決めつけて、考えることを放棄していたことに……。そして、初めて「自分が思ったことを自由に主張していいんだ」と思えるようになったのです。

この教授の言葉のおかげで、私は少しずつ自分の考えを表に出せるようになっていきました。

私が自分の考えを持てるようになり、自信を持って人に言えるようになったのは、もうひとつ理由がありました。

詳しくは本編でご説明しますが、フランスの高校生は大学の入学資格を得るために卒業前に「バカロレア」という試験を受けます。

バカロレアには哲学の試験があり、すべての高校3年生が1年かけて哲学を学び、試験に挑みます。そして、この哲学の論述試験（ディセルタシオン）が驚くほど難しいのです。

実はフランスでは、大学の哲学科でなくても、小学校から高校までの学校教育のなかで、哲学的な問いに答えるための〝考え方〟を学びます。

これは単にディセルタシオンを解くためだけに使われるのではありません。日常生活や仕事などで問題を解決する際に活かされているように感じます。その意味では、フランス人が物事を考えるときの土台になっていると言っていいでしょう。

私はこの考え方を何度も何度も実践しました。授業ではもちろん、実生活での議論でも意識するようにしました。すると、フランス人と話すときにも、少しずつ「面白い」と評価されることが増えてきたのです。

本書でご紹介するのは、この「フランス式思考法」です。

問いを立て、言葉を定義し、疑い、考えを深めて、最終的に答えを出す……。

これは、かつての私のように考えることに苦手意識を持っている人や「自分の意見なんて誰も求めていない」と思い込んでいる人にとって、便利な「道具」になるはずです。

それだけではありません。

この考え方が実践できるようになれば、間違ったロジックで人を騙《だま》そうとする人や、乱暴な議論を進めてくる人にも太刀打《たちう》ちできるようになるのです。

私はこの「道具」で、前向きな人生を歩むことができるようになりました。

みなさんも本書の内容を習得すれば、きっと自分の意見を堂々と主張できるようになるでしょう。その効果を実感していただければ、とてもうれしく思います。

平山美希

「自分の意見」ってどうつくるの？

目次

第2章

問いを立てる
——旗を立てる

第3章

言葉を定義する——ダイヤルを合わせる

第4章 物事を疑う――頭のなかに余白をつくる

第5章

考えを深める――思考の海に潜る

第6章 自分の答えを出す――立場を選び取る

第1章

フランス人は「考え方」をどう学ぶのか

フランス人は どんなふうに考えているの？

美術館での会話

「はじめに」でも書きましたが、私は日本の大学を卒業後、哲学を学ぶためにフランスに留学し、それ以来フランスに生活の拠点を置いています。

フランスで学び、働き、暮らす中で、フランス人にとっては考えることが日常生活の中に当たり前のように組み込まれていることに驚かされました。

「別にフランス人だけが特別なわけじゃないでしょ」

「日本人だってちゃんと考えてるよ」

そんな反論が聞こえてきそうです。

はい、私もそう思っていました。

フランスに来るまでは……。

学生時代、仲良くなったフランス人の友人と、パリの現代美術館を訪れたことがあります。

ご存じの方も多いと思いますが、現代美術は人物や風景を見た通りに描く伝統的な絵画と違って、奇抜な発想で表現された作品が少なくありません。

私たちが鑑賞していた展示もまさにそうしたユニークなコンセプトの作品群でした。何も描かれていない真っ白なキャンバスが3つ並んでいるだけの作品や、何色もの絵の具が無造作に叩きつけられた絵など……。

しばらくはお互い無言で作品を見ていたのですが、私はずっと黙っているのも気まずいなと思い、ふと「こういう絵って誰にでも描けそうだよね」と冗談交じりに話しかけたのです。

きっと、「アハハ、そうだよね。わかる!」と軽い答えが返ってくるだろうと思っていたのですが、相手はジッと何かを考え込んでしまいました。

私は「何か変なことを言ったかな」と焦ってしまったのですが、返ってきた言葉は予想外のものでした。

「う〜ん、そうかな……。この絵を描くためにも知識や技術は必要じゃないかな」

さらに続けて、

「芸術の知識が何もないまま、こういう絵が描けると思う？　もし描けたとして、それは〝芸術〟だと言えるのかな？」

と問い返されてしまいました。

私は相手がこちらの発言に同意してくれて、和やかな雰囲気になるだろうと思っていたので、軽いパニック状態です。

現代美術についての予備知識などなく、「芸術は何をもって芸術たりうるか？」という哲学的な議論になるとも思っていなかったので、返す言葉が見つかりませんでした。

この友人が特別「理屈っぽい人」だと言うわけではありません。

フランス人と話していると、こうした深い考察にもとづいた会話が日常的に繰り広げられるのです。

日本で同じことを言うと、「マジメだね」と一蹴されるかもしれません。

しかし、フランスではこうしたやりとりが珍しいことではないので、軽い気持ちで放った一言が真剣な議論に発展してあわててしまう。そんなことが何度もありました。

この絵、誰でも描けそうだよね？
芸術の知識がなければ描けないんじゃないかな…

このように、多くのフランス人は、「考える」という行為を日常的に実践していて、ひとつのテーマを深く掘り下げて議論することが習慣になっているのです。

フランス人を絶句させるNGフレーズ

議論が好きなフランス人に、絶対にとってはいけない「態度」があります。

何だと思いますか？

それは、議論の内容に興味を持たないこと、あるいは議論を早く終わらせようとすることです。フランス人にとって何より大事なことは、議論を続けることなのです。

留学して間もない頃、私はフランス人に日本のことをたくさん聞かれました。

「日本人はどうして原発に反対しないの？」

「日本の領土問題について日本人はどう思ってる？」

「日本の会社員はどうして休みが少ないの？」

などなど……。どれも即答できないような難しい質問ですよね。

私はどう答えればいいのかわからず、とても困惑しました。

フランス語もまだ流暢に話せないことに加えて、原発や領土問題のような複雑でデリケートな問題に関して、どうコメントしていいのかわからなかったのです。

焦った私は、日本にいた頃にメディアで見聞きした意見をそのまま伝えて、何とかやりすごしてしまいました。その場にいたフランス人たちが、どこか不満げで物足りない表情だったことを覚えています。

あるとき、やはり日本に関する質問をされたのですが、私はそのテーマについて深く考えたことがなく、どうしても返答が浮かばないことがありました。

そこで私は、「それについては考えたことがなかった。私にはよくわからない」と正直に言ってしまったのです。

その瞬間、場がシーンと静かになって、それまで楽しかった雰囲気が一気に壊れてしまいました。

当時の私はなぜ急に変な空気になったのかよくわかっていなかったのですが、今振り返れば、その理由がわかります。

この返答は会話をバッサリ終わらせてしまいます。

「私はその問題について考えることをしません」「もう、話したくない」と宣言しているようなもの。お互いに意見をぶつけることで理解し合うことに価値を置いているフランス人にとって、一番ＮＧな回答だったのです。

では、この場合はどう答えればよかったのでしょうか？

「本当に一度も考えたことがない問題」もありますよね。そんな話題について意見を求められたときは、「わからない」で終わらせないで、過去の経験や持っている知識と結びつけて会話を続けるのがよしとされます。

たとえば、中南米の貧困問題に関する話題が出たとしましょう。

そういうときは〈中南米〉→〈コーヒー豆の産地〉と想像をふくらませて、「コーヒー豆は、生産者が輸入者に搾取される不公平な貿易が問題になっていると聞いたことがあるけど、それが貧困と関係しているんじゃない？」と会話を続けることができるのです。

フランス人は何を話している？

フランスでは議論は長ければ長いほどいいとされます。

これは他の国ではあまり見られない特徴かもしれません。

食事に招かれると、ディナーはアペリティフ（食前酒とおつまみ）から始まって、前菜、主菜、チーズ、そして最後のデザートまでがフルで提供されます。

こういう場合、デザートにたどりつくのは5時間後！

食べ終えたときにはもう日をまたいでいた……なんてことも珍しくありません。

こんなに時間がかかるのは、なぜなのか？

それは料理が一度に出てこないから、だけではありません。フランスでは、食事の時間は「議論の時間」なのです。

では、彼らは食事をしながら何について語り合っているのでしょうか？

先ほど私がフランス人から尋ねられた質問を挙げましたが、そのときの集まりが社会問題を話し合う特別な場だったわけではありません。

以前、フランスの新聞が「フランス人が好きな会話のテーマは？」というアンケート調査を行いました（『ル・パリジャン』2019年）。それによると、1位は「環境」について。2位が「政治」、3位は「仕事（社会生活）」、4位が「ウェルビーイング」で、5位の「食べ物」と続きます。

4位の「ウェルビーイング」は、最近、日本でもよく聞かれるようになった言葉ですが、その人にとって肉体的、精神的、社会的に満たされた状態のことを意味します。健康や幸せに関連する話題全般といったところでしょうか。

とくに注目したいのは、「政治」が2位にランクインしていることです。

政治についての話題が多いことは、私自身、実際に肌で感じていました。家族や友人たちと食事をする機会があれば、選挙前は必ずと言っていいほど政治家や政策の話になります。

政治の話は食事の場にとどまりません。

パリの学生たちはセーヌ川の河岸やエッフェル塔のあるシャン・ド・マルス公園で、お酒を飲みながら何時間も語り合っています。

老若男女の別なく、地下鉄の車内やカフェなどでも白熱した議論が展開され、ときには見知らぬ人同士が街中で議論を始めてしまうこともあります。

フランス人のこうした姿を見て、私は考えることや議論することに対する彼らの情熱に強いカルチャーショックを受けました。

どんなテーマでコメントを求められても、「わからない」「知らない」ではなく、自分なりの意見を表明すること。タブーをつくらないで、難しい話題でも日常会話に取り入れること。また、その会話をお互いの考えを深める時間にしていること。

これらはすべて、フランス流「議論の流儀」とも呼べるものです。

このような環境で何度もフランス人と議論を重ねるうちに、私も考えることが当たり前になり、自分の意見をうまく組み立てられるようになりました。

フランス人と日本人の考え方はどう違う？

ひとつのテーマをとことん突き詰める

フランス人の考える習慣についてはおわかりいただけたでしょうか。

では、彼らの考え方は日本人とどう違うのか？

比較しながら見ていくことにしましょう。


冒頭でもふれたように、何の気なしに始めた会話でも適当に流すことなく考えようとするのがフランス流です。

現代美術の例なら、

「落書きのように見える絵も〝アート〟だろうか？」

「芸術に技術は必要なのだろうか？」

「そもそも芸術とは何か？」

というように、深いところまで思考を徹底的に掘り下げます。

こういう場合、日本では議論を深めずに単純な「おしゃべり」になってしまうことが多いのではないでしょうか。それは、日本人特有の「対立を避ける心理」が関係しているのかもしれません。

フランス生活も10年目を迎えようとしている頃、日本に1カ月ほど帰国したことがありました。久しぶりに日本に帰ってきて私が一番驚いたのは「会話がすぐに終わってしまう」ということでした。

実家の両親とも、友人とも、美容院の美容師さんとも会話が続かないのです。

私が意見を伝え終わり、次は相手が自分の見解を話してくれるだろうと待っていても、「ふうん、大変だね」「わかるよ」「そうだよね」で会話は終了。

フランスで暮らす前はそうした返答もまったく気にならなかったですし、私自身も同じような会話をしていたのでしょう。現に、現代美術館でのやりとりでも、私は心のどこかで相手に同意を求めていました。

フランスでは、何かエピソードを話すときでも、それを単なるネタにしないで他のエピソードと比較したり、そこに問いを立ててみたりして（「問い」については第2章でふれます）、ひとつのテーマについてじっくり話す傾向があります。

ですから、簡単に別の話題には移行しません。会話に参加している人たちが納得するまで、同じテーマをとことん突き詰めていくのです。

意見の違いを面白がる

フランスでは政治の話題を好んでする人が多いという話はすでにしました。

一方、日本では、政治の話題はむしろタブーに近いものとして扱われますよね。

なぜでしょうか？

それは、人間関係にヒビが入る可能性があるからでしょう。

「自分は政治に興味がない」という人も、死刑制度や中絶、安楽死などの重いテーマでお互いの価値観の不一致が起こると、「この人とは合わない」と関係に見切りをつけてしまうことがあります。このように、日本では相手との関わり方が変わってしまうことがあるので、あえてリスキーな話題を避けるのではないでしょうか。

フランスでは価値観の違いで人間関係が変わることはありません。人はそもそも自分とは違う存在なので、違う考え方をして当たり前だと思っているからです。

だから、大勢いるなかでひとりだけが異なる選択をしても、「自分勝手だ」と咎《とが》められることはありません。

私自身、この考え方を知ってとても気が楽になりました。

日本で生活をしていたときは、相手の言ったことに100パーセント同意できないときでも、「だよね」「うんうん」とあいづちを打ちながら、10パーセントでも同意できる部分があれば、「わかる」と言っていました。

相手が自分の考えとは異なる意見を言っても、「そういう考えもあるよね」と違いには深く踏み込まずに会話を終了させていました。

ところが、フランスでは、逆に相手と自分の違うところを探します。

相手の言葉の一語一句にまで注目して、

「あなたが使っている◯◯という言葉は、この状況を表すのにしっくりこない」

「それは言うなら◯◯より△△と言う方が適切ではないのか」

こんなふうに、自分の認識と相手の認識の違いを見つけようとします。そして、もっと深く考えた方がよいところを徹底的に追究していくのです。

あるとき、私のパートナーと彼のお兄さんが政治についての話をしていました。私からすれば、2人の政治観はほぼ変わりません。それでも会話が始まると、「オレはその点には同意できない」「お前の意見はここがおかしい」と相手を批判し始めたのです。議論がエスカレートすると互いに本気で怒っているようにも感じられて、私は「なんで同じような価値観を持っているのに平和的に議論することができないんだろう？」と半ば絶望的に感じられたのでした。

あとでパートナーに、「2人ともほぼ同じ政治観なのに、なんで言い争うように議論するの？　〝わかる、わかる〟でいいじゃない」と言うと、「それじゃつまらないよ！　同じように見える意見でも、違う人間なんだからどこかに絶対違いがあるはずだ。その違いを探るのが面白いんじゃないか」

という答えが返ってきました。

フランス人は、自分とは異なる意見を聞くことに、むしろ喜びを感じるそうです。

また、相手の意見のうち、99パーセントが同意できても、同意できない部分が1パーセントでもあれば、それに対しては「違う」とはっきり伝えています。

「99パーセント同じなら、ほぼ100パーセントじゃないか！」と思うのですが、彼らにとっては「ほぼ」であって100パーセントではありません。

だから1パーセントの違いが見つかれば、そこに言及せずにはいられないのです。

フランス人のそんな思考が理解できてから、私は軽々しく「わかる」と言わないようになりました。また、相手に「わかる」と言われると、「どこがどうわかったの？」と聞き返したくなるようになってしまいました。

ここまで読んで「フランス人ってちょっと面倒くさい人たちだな」と思いましたか？

でも、「一人ひとりが違う考えを持っていて当然」という考え方ができると、とても生きやすくなります。

無理に相手に同意する必要はないですし、相手がどんな考えを持っていようと、自分は自分の考えを素直に伝えればいいだけなのです。

違いを際立たせるフランス人、調和を大切にする日本人

誤解のないように強調しておきたいのですが、私はどちらが良い・悪いと言いたいわけではありません。

フランス流では、深掘りしたりお互いの違いを際立たせたりすることでそれぞれの主張が明確になりますが、そのために感情的な衝突が起きやすくなるのも事実です。

一方、日本人の会話は相手の気持ちを受け入れることが前提になっていて、他者との調和を大切にする心遣いが感じられます。

あくまでも、日常の会話ひとつをとってもこんなに違う、ということを示す例です。

きっと、フランス流をそのまま日本に持ち込んでもうまくいかないかもしれません。

ただ、それぞれに良い部分があります。

日本でも、同調圧力に屈しないで自分の意見を伝えなければならないことがあるで

しょう。適当に流さないで、議論を深く掘り下げなければならないこともあります。あるいは、99パーセント同じ意見だとしても、残りの1パーセントの違いが無視できないことだってあるはずです。

そんなときに、まったく違った考え方をする人がいるということは、知っておいて損はないでしょう。

自分の意見を組み立てる5つのステップ

フランスの高校生が学ぶ「考え方」の授業

ところで、こんな疑問を持たれた人もいるでしょう。

どうして、フランス人はそんなふうに思考を掘り下げようとするのか？

何が彼らをそうさせるのか？

不思議に思いますよね。


実は、フランスでは学校教育のなかで「考え方」を教わるのです。

「考え方」を学ぶ授業、それは哲学の授業です。

フランスの高校3年生は、理系文系にかかわらず、全員が哲学の授業を履修しなければいけません。普通科では最低でも週4時間の哲学の授業があり、文系を専攻する生徒の場合は、週の履修時間は最大で7時間になります。

では、授業ではどんなことを学ぶのでしょうか？


哲学の授業では、幸福、自由、国家、正義、真理といったテーマごとに単元が分かれています。「幸福」の単元では、過去の哲学者たちのなかから「幸福」について考えた人の文章を読んで、生徒自身も幸福とは何かについて考えます。

「幸せになるためには何をするべきか？」

「幸福な人生とは快楽に満ちた人生なのか？」

「幸せになるためにはすべての欲望を満たさなければならないか？」

こうした問いについて、答えを探していくのです。

大人も答えられない哲学の難問

「はじめに」でも書きましたが、フランスの高校生は卒業するために高校卒業資格を認定する「バカロレア」という試験を受けなければなりません。

よく、大学は「入るのは難しいが出るのは簡単な学校」と、「入るのは簡単だが出るのは難しい学校」の2種類に分けられますが、フランスの大学は圧倒的に後者です。

フランスの大学の90パーセントは国立大学ですが、大学に入るための試験がありません。そこで入学の基準となるのがバカロレアなのです。


バカロレアでは、国語（フランス語）、外国語、数学、地理・歴史、保健体育、科学といった試験科目があり、そのなかに「哲学」も入っています。

この哲学試験の「ディセルタシオン」と呼ばれる論述は、日本の大学入試のマークシート方式とはまったく異なるものです。

「『方法序説』を書いたのは誰か？」

「次のうちでカントの著作を選べ」

といった、知識を問う試験ではありません。

自分の意見を述べる論述試験で、小論文のような形式です。

ただし、問題となる論述のテーマはたった一文の短い文章です。

たとえば、過去にはこんな問題が実際に出題されました。

・働くことで人間は何を得るか？
・芸術作品には意味が必要か？
・科学は何の役に立つか？
・議論することは暴力を放棄することか？

このような短い問いに対して、高校生たちは自分の考えを論理的に構築し、文章でまとめなければいけません（制限時間は4時間！）。

大人でさえ頭を抱えてしまうような難問なのに、フランス人の高校生たちはどうやって答えているのでしょうか。

考えるときに役立つ5つのステップ

フランスの高校生たちは、先にご紹介した哲学の授業のなかでこの試験を解くためのメソッドを習います。

本書では、このメソッドをわかりやすく5つのステップに落とし込みました。

①問いを立てる
②言葉を定義する
③物事を疑う
④考えを深める
⑤答えを出す

①〜④は思考が展開する大体の流れに沿っていますが、必ずしも順番通りに行う必要はありません。それぞれのステップを行ったり来たりすることもあります。

そして、すべての作業を経たあとで最終的に⑤の「答え」に至ります。

この5つのステップを利用すれば、自分の意見をうまく組み立てることができるようになるでしょう。

少なくとも、何かコメントを求められたときに「頭が真っ白でどう答えたらいいのか、わからない」ということはなくなるはずです。

各ステップの説明は、次章以降をお読みいただくとして、ここではどんな内容なの

①問いを立てる
②言葉を定義する
③物事を疑う
④考えを深める
⑤答えを出す
フランスの高校生はこれを哲学の授業のなかで学ぶんです

か、簡単に見ていきたいと思います。

ステップ①の「問いを立てる」では、考えるための〝目印〟を見つけます。

「問い」は、思考の幅を広げる役割を果たしてくれます。

議論のなかで自分の意見をすぐに主張するのは難しくても、自分なりに問題を探したり、誰かの発言に質問したりすることはできるでしょう。

まずは、そこから考えることを始めます。


ステップ②の「言葉を定義する」では、言葉を丁寧に扱って思考をクリアにします。

「なんとなく」使っている言葉は、「なんとなく」の思考をつくります。

思考が「なんとなく」だと、認識がズレたまま議論が進むことになりかねません。

そうならないために、言葉の使い方を意識するのがこのステップです。

③の「物事を疑う」は、与えられた条件や前提をそのまま鵜呑みにするのではなく、「本当にそう？」と疑いの目を向けるステップです。
私自身、先生や教科書のことを絶対に正しいと信じてきた人間なので、「疑う力」

を身につけるのは大変でした。

しかし、この「疑う」という姿勢を身につけてからは、より主体的、積極的に議論に参加できるようになりました。

④の「考えを深める」は、あるテーマについて自分の考えを段階的に深めていくステップです。

表面的な見方で満足している人や、会話をどう続ければいいのか悩んでしまう人にとって、役立つステップとなるでしょう。

ステップ⑤の「答えを出す」は、テクニックというよりメンタル面でみなさんの後押しをします。

「反論されたらどうしよう」

「否定されるのはイヤだな」

と考えると、なかなか自分の考えを主張することができませんよね。

また、他の人と大きく異なる意見だと、「自分の考えはここでは言わない方がいいのかな……」と思ってしまうものです。

最後のステップでは、そうした不安を解消します。

以上、5つのステップを応用すれば、日常生活からビジネスまでさまざまな場面でみなさんが「考える」ときの支えになってくれるはずです。

では、早速始めましょう。

第2章

問いを立てる——旗を立てる

思考のスタート地点に旗を立てよう

考えるための「目印」をつくる

ここからは実践編。前章でふれた5つのステップについて順に解説していきます。

まずは「問いを立てる」です。

「日本の人口が減り続けていることについてどう思いますか？」と聞かれて、どれくらいの人がすぐに意見を言えるでしょうか？　どう思うかと急に聞かれても、何も思い浮かばなくて困ってしまう人が多いかもしれません。


そもそも「何も意見がない」って、どんな状況でしょう？

地平線まで何もない〝だだっぴろい空間〟にポツンと立っている。

こんなイメージではないでしょうか。

何から考えていいのかわからないときは、考える目印として「旗」を立てるのです。

では、その旗とは何なのか？　それが、本章で扱う「問い」です。

問いさえ立てられれば、真っ白な頭のなかに考える道筋ができますし、自分の意見を展開させるきっかけにもなります。


なぜ問いを立てることが、そんなに大事なのでしょうか？

それは、問いを前にすると人はなぜか答えたくなるからです。

実際、友だちと話していていきなりクイズを出されると、「急に何？」と思いながらも、なぜかその問題に答えたくなりませんか？

他にも動画や記事のタイトルに
「なぜ□□をしてはいけないのか？」

「○○と××がまったく違う理由とは？」

……などと書かれていると、自分でも答えを探してしまうでしょう。

問いの形式にすると、それが「考える対象」となります。

つまり、問いは考えるときの〝とっかかり〟であり、スタート地点になるのです。

自分で問いを立てて自分で答える

問いを立てることには、もうひとつ大きな意味があります。

それは、主体的に考えられるようになること。

学校の試験では、どんな科目でも問題があらかじめ用意されていますよね。そして、そこから「正解」を探すのが一般的でしょう。

でも、これが当たり前になってしまうと、考えることに対する姿勢が受け身のままになってしまいます。

ここで、第1章でもご紹介したバカロレアの試験「ディセルタシオン」の例を見てみましょう。

バカロレアの哲学試験では、自分で問題を用意することを教わります。

自分で問題を見つけにいき、問いの形式にして、自分で答える——。

要するに、自分が出題者にも解答者にもなるということです。

「でも、バカロレアの哲学試験にだって問題はあるでしょう?」

第2章
問いを立てる――旗を立てる

と思った人もいるかも知れません。

確かに、大元の問題はすでに用意されています。

しかし、論述を書くなかで最終的な答えにたどりつくためには、その大元の問題からさらに踏み込んだ「問い」を立てることが必要です。


たとえば、「芸術は美しくなければならないか?」と問われたら、どうでしょう?

「美しくなくてもよい」と答えるだけでは不十分です。

根拠も理由も足りないからです。この場合は、最初に「そもそも芸術とは何だろう?」と問わなければいけませんよね。芸術が何かもわからないまま、芸術はどうあるべきかという問いには答えられないのですから。

まず「芸術とは何か?」という問いを立て、言葉の意味を明らかにして、さらに、

「〝美しい〟とはどういうことか?」

「美しくない芸術は存在しないのか?」

「あるとすれば、それらはあるべき芸術の姿ではないのか?」

などと問いを発展させていく。そして、さまざまな観点から検討した上で、やっと

最終的な答えを出すことができるのです。

日常生活では、このような哲学的なテーマについて議論することはあまりないと思いますが、どんな場面であっても、本質的なことは変わりません。

たとえば「同性婚に賛成か反対か?」と問われたとして、

「そもそも同性婚とはどんなものか?」

「なぜ反対されているのか?」

「同性婚を認めると、社会にどんな変化があるのだろう?」

このように問いを立てていくことで、わかっていないことや明らかにしなければならないことが初めて見えてくるのです。

日常の驚きが「問い」をつくる

問いを立てるのは難しいことではありません。

あることをちょっと意識すれば意外と簡単にできるようになるものです。

それは「気づき」です。

古代ギリシャの哲学者プラトンやアリストテレスたちも、「気づき」は思考のための源泉だと考えていました。この気づきは「驚き」と訳されることもあります。

みなさんは、最近、何か新しい発見をして驚いた経験はありますか？ 年を重ねるとそれだけ経験が増えていくので、新しい発見をして驚くということはあまりないかもしれません。

それに比べて、子どもはまだ「この世界」に来て間もない新参者なので、

「どうして月はどこに行ってもついてくるの？」
「どうして大人は結婚するの？」
「この世界はいつ始まったの？」
「なぜ学校に行かなきゃいけないの？」

と、大人も即答できないような質問をしてきます。子どもたちにはこの世界が「驚き」に満ちているからでしょう。

「気づき」を得るために、他人の視点を参考にしてみるという手もあります。

私の知り合いに、若くしてがんを患った人がいます。その人ががんになったことを直接話してくれたときに、私はさぞ悔しいだろうと思って、なんと言葉をかけたらいいかわかりませんでした。

ところが彼は、

「自分を殺さないものは、全部自分を強くするんだよ」

と、哲学者ニーチェの言葉を引きながら言いました。

私は病気＝ネガティブなものだと考えていたのに、「こんなにも力強くてカッコいい見方ができるんだ！」と逆に勇気をもらえました。

このように、自分にはない視点を手に入れると、今まで見えなかったものが見えてくるようになります。メガネを掛け替えるように、同じ世界でも違った光景が見えてくるのです。そのとき感じる「気づき」は、考えるときの問いに昇華していくでしょう。

普段から、他者の視点がどこにあるのかを意識するクセをつけておきたいものです。

問いを立てるための10の質問リスト

問いにはパターンがある

「問い」を立てることが考えることのスタートだというお話をしました。

そこで、より良い問いを立てるための2つの〝リスト〟を用意しました。

フランスの哲学教育では、問いを立てることは重要なステップのひとつと考えられています。そのため、教科書や参考書にはいくつかの問いが紹介されています。そのままではわかりづらいので、普段使いしやすいように私なりにアレンジしてみました。

リストは2種類あり、それぞれ5つの問いで形成されています。

ひとつ目は、何も考えが浮かばない状況で「考える足場」をつくる5つの問い、2つ目は、問題を深掘りするときに使える5つの問いです。

まずは足場づくりの問いを意識し、慣れてきたら深掘りのための問いを使ってみてください。

足場をつくる5つの問い

まずは「考える足場」をつくる問いの形です。

ここでは、「成功」というキーワードを例に説明しましょう。

「成功」という言葉はいろいろな場面で使われますね。

「20代で成功する人に共通する7つの特徴」のようなネット記事もありますし、中学の同級生と久しぶりに会ったときに、共通の知人について「アイツ、成功したよな」と話すこともあるでしょう。

私たちは、こんなふうに「成功」という言葉をあまり深く考えないで使いがちですが、改めて考えてみます。

そもそも成功って何なのか?

最初にすることは、複数の答えがありえる〝大きな問い〟をつくることです。

「成功」の輪郭を外側からはっきりさせていくイメージで、自由に問いを立てます。

最初は、前提事項を細かく設定する必要はありません。

【例1】成功しなければいけない？（はい、いいえ、多分、などの答えがありえる）
【例2】どんなことに成功する？（仕事？　恋愛？　人生？）

次はその範囲をだんだん狭めていくように、答えとなる選択肢が問いのなかにすでに含まれている質問をつくります。「〇〇とはAかBか？」のような形式です。選択肢は基本的には2つ、多くても3つ程度にとどめておくといいでしょう。

【例1】成功は目に見えるものか？　目に見えないものか？
【例2】成功は自己満足か？　それとも他者を満足させることか？

以上はこの順に進めるとよいのですが、これ以降の順番は重要ではありません。3番目は「有無」を問うパターンです。

【例1】成功した人は現在いるか？　過去にいたか？
【例2】成功しなかった人生はあるか？　それはどんなものか？

次は前提を含んだ問いをつくります。「ひとまず〇〇があるかないかはさておき、〝ある〟と仮定したら、この点はどうか？」と考えます。

【例1】（成功した人生があるとして）成功したことはいつわかるか？
【例2】（成功しなければならないとして）失敗は常に避けるべきなのか？

あるいは「そもそも〜」と本質を問うことも、根本に立ち返る姿勢として大切です。

【例1】そもそも〝成功〟って何？
【例2】そもそも〝人生における成功〟とは？

以上が「考える足場」をつくるための問いのリストです。これらの問いが出れば、考えるための土台はほぼそろったと言えます。

では、これを応用してみましょう。

たとえば、職場で「会社の地域貢献策に関する提案書、まとめておいて」と頼まれたとします。こんなむちゃぶりをされたら頭を抱えてしまいそうですね。

でも、その前にこのリストを思い出してください。

・なぜ「貢献」が必要なのか？
・「貢献する」とは、どんな状態なのか？
・「貢献」とは有形のものなのか？　無形のものなのか？
・企業の地域貢献に成功（失敗）例はあるのか？
・（成功例があるとして）それはどんなケースを指すのか？

こんなふうに問いを立てることができるでしょう。考えるときにはまず「足場」をつくり、そこから徐々に思考の幅を広げていくことが大切です。与えられた課題の答えをすぐに探し出そうとするよりも、こちらの方が実は効率的なのです。

深掘りするための5つの問い

最初に「足場」となる問いを立てたら、考える対象について分析する準備ができたということです。

では、さらに先に進むために、「深掘り」するためのリストをご紹介しましょう。

ここでも「成功」について問いを立てていきます。

①理由

物事の理由や原因を探ってみるときに使います。

ただ、この場合は前提が含まれている場合が多いので、その前提が何であるかを意識しながら問いをつくりましょう。

《問いの形→「なぜ?」「どうして?」「どんな理由で?」など》

【例1】なぜ人は成功したがるのだろう?

【例2】どうして「あの人は成功した」と言えるの?

②目的

日常的な行動の多くは、目的をはっきり言語化することができていません。

仕事でも日々の習慣でも、「何のためにしているのか?」を改めて確認してみるとよいと思います。

《問いの形↓「どこに向かっている?」「向かう先には何がある?」など》

【例1】成功を目指す目的は?

【例2】成功したら何が得られるのだろう?

【例3】成功とは幸せになる過程にあるものか?(それ自体が目的なのか?)

③必要条件

そのものを成り立たせている条件を問うものです。

これなしにはありえないのではないかと考えられるものを挙げてみて、問いを立てていきます。

《問いの形↓「必要なものは?」「○○なしではありえない?」など》
【例1】成功するために苦痛は必要?
【例2】努力しなければ成功できない?

④可能性

「~できる」という動詞には複数の意味があるので、これだけでいろいろなことを考えることができます。

100メートルを14秒で走ることができる、という「能力」の意味。喫煙室ではタバコを吸うことができる、といった「権利」の意味。

そして、「この資料なら会議で参加者の合意を得ることができるだろう」といった「可能性」の意味です。

《問いの形↓「○○することはできる?」「○○は可能?」》
【例1】成功していない人が成功について語ることはできる?(権利)
【例2】たまたま成功することはできる?(可能性)

⑤正当性

この問いでは、「〇〇すべき」という義務・責務の意味もあれば、「〇〇した方がいいか？」というアドバイス的な意味を持った問いもできます。

《問いの形↓「〇〇すべきか？」「〇〇した方がいい？」》

【例1】成功するためにはどんな手段も使うべきか？

【例2】成功は他者から認められるべきか？

以上、より良い問いをつくるためのリストをご紹介しました。

このリストを覚えておくと、意見を組み立てるときに、考える「きっかけ」を見つけることができるでしょう。「旗」さえ立てば、あとは自然と思考が前に進むようになるのです。

苦痛を
伴わなければ
成功を得ることは
できないのかな？
あのさ
走りながら
哲学するの
やめてもらって
いい？

間違った問いではないか確認しよう

「悪い問い」は思考を偏らせる

ここまで問いの立て方について説明してきましたが、ひとつ注意してほしいことがあります。

問いの形になっていればどんな問いでもいい、というわけではありません。

良い問い（旗）ができれば思考を正しい方向に誘導できますが、悪い問いを立ててしまうと思考が広がりません。

それどころか、思考が偏った方向に向かってしまうのです。

最近は、街中の広告やネット記事のなかに人々の不安を煽《あお》ったり、発信する側が望む方向に読者を導いたりする「悪い問い」があふれていると感じます。そうした悪意に惑わされないためには、問いの本質を見抜かなければいけません。

では、どんな問いが「悪い問い」なのでしょうか？

①答えが求められていない

親が子どもに言う「何でこんなこともできないの？」や、何度言ってもわかってくれない恋人に言う「もうッ！　バカなの？」という言葉。これらは疑問形になっていますが、考えるための問いでないことはすぐにわかりますよね。

「何でこんなこともできないの？」は、「こんなこともできないあなたはダメなヤツだ」という主張を疑問形にしただけで、「もう、バカなの？」は「私がこんなに訴えているのにわかってくれないなんて！」というメッセージです。

このように問いの形式になっていても、答えを求めていない〝偽物の問い〟があるので注意してください。

②偏見が含まれている

「なぜ、〇〇人はマナーが悪いのか？」は人種差別的な偏見を含んだ問いです。

そもそも人種によってマナーの良い・悪いが遺伝子に組み込まれているとは思えま

せん。もちろん、国によって生活習慣や道徳観などに違いはあるでしょう。それを「〇〇人」と一括《ひとくく》りにして判断するのではなく、教育や歴史などに目を向ける方がもっと深い考察ができます。

「女性は〜」「今の20代は〜」「××業界の人は〜」のように、主語が大きくなればなるほど偏見を含むリスクが高まります。

③「私」が主語になっている

主語が限られると、思考も一気に狭まってしまいます。

「私はどうしてあの人より仕事ができないんだろう？」は、問いの中に「私」と「あの人」しか登場しません。

だから、仕事ができない「私」に自信をなくすか、「あの人」をうらやむ気持ちや妬《ねた》む気持ちで心がモヤモヤしてしまうか、どちらかでしょう。

バカロレア哲学試験の問いには、「私」という主語は一切出てきません。その代わり、人間一般を指す「私たち」が使われます。広い視野を持ち、物事を外から分析できるような問いをつくることをお勧めします。

④感想・感情に関する問いになっている

「好き・嫌い」「面白い・つまらない」などを尋ねる問いは、思考が広がりづらいので避けた方がよいでしょう。

好き・嫌いを扱うことが悪いわけではありません。

ただ、③にもつながりますが、このような感想・感情は極めて個人的なものです。

感覚は人それぞれ異なるので、他者と共有することが難しいのです。

感情を抱くことには理由がないので、考えを深めるテーマには向きません。

⑤前提がすでに決められている

「どうしたら幸せになれる？」

「どうして働かなければいけないの？」

これらの問いにも問題点が含まれています。

何かわかりますか？

この問いを立てた人の「当たり前」が、設問のなかにすでに含まれているのです。

「どうしたら幸せになれる？」と問われれば、すぐに幸せになるための方法を考えたくなります。けれども、そもそも「幸せとは何か？」がわからなければどうしたらよいかもわかるはずがありません。

また、「どうして働かなければいけないの？」も、まるで働くことが当然のようになっていますが、働かなくてもいい条件で暮らしている人もいます。

こういうときは、問いに含まれている前提に気づき、問いを修正すべきでしょう。

「どうして働かないといけないの？」は、「そもそも働かなければいけないのか？」、あるいは「どうして働くのか？」を問う方がよいのです。

まずは、前置きとして何があるのかをはっきりさせてから問いをつくるようにしてください。

では、ここからは練習問題です。

悪い問いの例を紹介しますので、みなさんには、その問いがどうして良くないのかを考えていただきます。

人はなぜ
働かなくてはいけないのか…
ん？
これって働くことが
「前提」になってないか？

練習問題

《問題1》なぜ黒人は足が速いのか？
《問題2》AIに置き換わるのはどんな仕事？
《問題3》なぜタバコをやめられないんだろう？
《問題4》なぜスーツを着こなす男性はモテるのか？

《問題1　解答》なぜ黒人は足が速いのか？

これは偏見にもとづいた問いです。

確かに、オリンピックや陸上の国際大会を見ていると、黒人のアスリートが活躍する場面をよく目にします。

しかし、そもそも黒人と言っても育った環境は人それぞれです。当然、黒人のなかにも運動が苦手な人はいるでしょう。

黒人を差別するような問いではありませんが、先入観にもとづいた質問であることには変わりありません。

もし、実際に質問をしたら、聞いた側に悪気はなくても尋ねられた本人は「黒人＝足が速い」と一括りにされたことで気分を害するのではないでしょうか。

ちなみに、このように差別する意図はないのに、相手を傷つけてしまう行為をマイクロ・アグレッション（小さな攻撃性）と呼びます。


《問題2 解答》AIに置き換わるのはどんな仕事？


これは「悪い」とまでは言えないのですが、じっくり考えるというよりも、事実を知るための問いかけでしょう。事実や科学的な説明を問うものだと、答えはそれぞれが自由に考えてたどりつくものではなくなります。自分で資料を読んで調べたり、専門家の話を聞いたりすれば、ひとつの「正解」が見つかるからです。

このようにすでに答えが出されているような問いは、リサーチして得られた答えから発生する〝別の問い〟に目を向けた方がよいでしょう。

一般的に、ＡＩの開発が進むことで、スーパーのレジ係、スポーツの審判員、動物のブリーダー、電話のオペレーターなどがなくなる可能性があると言われています。

では、これらの仕事に共通していることは何か、あるいは、これらの仕事を人間がしなくなったとして、どのような変化があるだろうかといった具合です。

「ＡＩは人間の労働観をどのように変えるか？」「人間とＡＩが共存するために人間が考えるべきことは何か？」という問いも考えられます。

《問題3　解答》なぜタバコをやめられないんだろう？

問いの形をしていますが、もしこれが会話のなかで出てきたとしたら、これは問いではありません。

「やめたいけどやめられない」という主張が問いのなかに隠れています。タバコをやめられない理由を探して喫煙を続けることを正当化したい可能性もあります。

タバコの中毒性を知った上で、それでも続けるかどうかという個人の意思の問題とも言えます。視点の狭い問いなので、これも問いの形を変えた方がよいでしょう。

《問題4　解答》なぜスーツを着こなす男性はモテるのか？

この問いには「スーツも着こなせないような男は魅力的ではない」という主張が隠

されています。恐ろしいですね。そういう主張を隠しつつ、「なぜ？」という問いの形にして、「モテたいならスーツを着こなしなさい」と消費者を誘導しています。広告やネット記事でよく見かける手法ですね。

「スーツを着こなす男性はモテる」という前提も非常に怪しいです。このように、前提とするには無理があるものには注意が必要です。

「スーツを〝着こなす〟とは？」「スーツはそもそも着こなすべきか？」「モテるとはどういう状態のことを指している？」までさかのぼらないと、「なぜスーツを着こなす男性はモテるのか？」という問いは立てられません。

ここまで見てきて気づいた人もいると思いますが、「なぜ○○は△△なのか？」という問いからは、ある方向に導こうとする明確な意図が感じられます。このような問いに出合ったら、「本当に○○は△△なのか？」と疑ってみることが大事です。そして、自分が問いを立てるときに、同じような誘導をしないように注意しなければいけません。

なお、この「疑い方」については、第4章で詳しく解説します。

問いを立てる「練習」をしよう

「問い」が見つかれば発言できる

ここまで合計10の問いを立てるポイントを紹介しました。

足場をつくるための問いも、問題を深堀りするための問いも、まずは自分の中に問題意識を設定しましょう、ということでした。


あるテーマが与えられたとして、そのテーマを解決するには何が必要なのか、どのような目的で進めていくのか、どんな状態をゴールと考えるのか、といった「問い」が見つかれば、議論のなかでも他の参加者に考えるきっかけを与えることができます。

いきなり自分の主張をするのは難しいという人でも、このように議論の枠組みを提案することはできるのではないでしょうか。

先に発言した人の意見のなかで、この枠組みがあいまいになっていたり、「悪い問い」になっていたりするときは、そのことを指摘してあげるか、自分のなかで問いを組み立て直してみましょう。

では、みなさんに実際に問いを立てる感覚をつかんでもらうために、また練習問題にチャレンジしていただきます。

次に掲げる主張に、問いかけるようにして反応してみましょう。

ちなみに、ここで紹介する主張・言説に私が異議を唱えたいという意思は一切ありません。こういうことを主張する人がいたら、どんなふうに議論する（話を深めることができるか、という例を示しました。

みなさんも、同じような視点で考えてみてください。

ここで取り上げるのは、次の5つのテーマです。

さて、あなたはどんな問いを立てるでしょうか。

練習問題

《問題1》
「『郷に入っては郷に従え』だ。この業界で結果を出したいなら、うちの会社のやり方に合わせるべきだよ」
《問題2》
「夫婦別姓には反対だ。なぜなら日本の家族制度が崩壊するからだ」
《問題3》
「あの人は仕事を辞めて海外に留学するらしい。30歳を過ぎて好きなことばかりするなんてわがままだ」
《問題4》
「現在の日本がうまくいっていないのは既得権益にしがみついている年長者がたくさんいるせいだ。そういう年長者はいなくなればいい」
《問題5》
「学校はオシャレをする場所ではないから、校則で服装を厳しく定めるのは仕方ない」

では、解答例を順に見ていきましょう。

《問題1　解答例》

「『郷に入っては郷に従え』だ。この業界で結果を出したいなら、うちの会社のやり方に合わせるべきだよ」

「郷に入っては郷に従え」とは、その土地（組織）に入ったら、たとえ自分の常識や価値観と異なっていても、そのルールに従えという意味です。

この主張には、次のような問いかけができるでしょう。

- 「郷に入っては郷に従え」派の人は、変化を拒絶して成長することができるのか？
- 新しいやり方から何も学ぶものはないのか？
- それまでの環境で培った力や築いたアイデンティティは簡単に捨てられるもの？

そもそも「合わせる」ことが正しいのか？　そして、これまでのスタイルを捨てるのではなく、新旧どちらの価値観も両立させることはできないのか？　という視点で考えることができます。

《問題2　解答例》

「夫婦別姓には反対だ。なぜなら日本の家族制度が崩壊するからだ」

日本の課題として、長い間議論されてきた問題です。

これについては、次のような問いかけができるのではないでしょうか。

・そもそも家族制度は何によって保たれているのか？（苗字によって？）
・夫婦別姓を取り入れている国の家族制度は崩壊しているのか？
・夫婦別姓を認めることで、どのような問題が起こるのか？
・夫婦が同じ姓であることは家族の絆とどう関係するのか？

このテーマには「家族」や「伝統」といった論争を生みやすい問題が潜んでいます。

したがって、最初の議論の枠組みがとても重要になります。

感情的な議論に発展しないためにも、最初に問いを正しく設定すべきなのです。

《問題3　解答例》

「あの人は仕事を辞めて海外に留学するらしい。30歳を過ぎて好きなことばかりするなんてわがままだ」

自分の人生をどのように生きるかは、最終的には本人が決めればいいことなので議論のテーマにはなりにくいのですが、これも「問い」を立てるための練習です。

私自身、実際にこれと似たようなことを言われた経験があり、どう応答するべきだったのだろうと考えたことがありました。

- なぜ30歳を過ぎていたら好きなことをしてはいけないのか？
- 自由に選択しているだけではないのか？　わがままと自由の違いは？
- もしわがままだとしても、具体的にどんな問題が起こる？

問いかけとしてはこのあたりが考えられそうです。「わがまま」というのは客観的な基準があるようでない概念なので、どんな状態が「わがまま」だと言えるのか。また、「わがまま」では何が問題か、という点も検討しなければいけません。

《問題4　解答例》

「現在の日本がうまくいっていないのは既得権益にしがみついている年長者がたくさんいるせいだ。そういう年長者はいなくなればいい」

日本では、政治家が「不祥事を認めない」「批判されても辞任（辞職）しない」といった事件が続いていますが、これも騒動を引き起こしている人の多くは一般的に「シニア」と呼んでも差し支えないような年齢の人たちです。そういった報道を多く目にするからか、SNSでは「老害」という言葉まで使われ始めています。

しかし、もっともらしいこの意見にも次のような問いかけができます。

・年長者が全員いなくなれば問題は解決するのか？
・世代が入れ替わるのを待つことでしか変えられないか？
・本当に年長者だけが「既得権益」にしがみついているのか？

特定の世代やカテゴリーの人を一括りにすることにも注意が必要ですし、その人たちを完全に否定するなどして、無理やり白黒つけようとする主張に対しては、そんなに簡単にいくのかな、という視点で問いを投げかけてみるとよいでしょう。

《問題5　解答例》

「学校はオシャレをする場所ではないから、校則で服装を厳しく定めるのは仕方ない」

「靴下、下着は白以外禁止」「通学時にコートを着用してはいけない」「ツーブロックの髪型はNG」といった、いわゆる「ブラック校則」が問題になっています。

この意見にもさまざまな問いかけをすることができます。

- 「靴下が白ではない」「指定外の髪型」だと生じる具体的な問題は？
- 学生の服装に厳しい規定を設けていないが、うまくいっている国もある。そうした国と比較して服装に規定を設ける方がよいと思われる根拠は？
- 校則を厳しくすれば、生徒たちが充実した学校生活を送れるのだろうか？

世の中には、校則以外にも守る理由がよくわからないルールがたくさんあります。

もし、決まり事やルールに対して違和感を覚えたら、問いを投げかけてみてください。それぞれのルールにはルールができた「背景」があるはずです。それはいったい何か？　ルールの存在意義にまで踏み込んだ問いができるとさらにいいでしょう。

このように問いを立てることで、その後の会話は何倍も面白いものになります。問いによって、みんなが「答えを出そう」と考え始めるからです。

また、ここまでの例を見て気づいた方もいるでしょうが、問いかけは「論理の穴」を見つけるのにも役立ちます。ロジックがつながっていない、あるいは筋道が通っていない点を「問い」をつくることによって明らかにできるのです。

アインシュタインは「大切なのは問うことをやめないことだ」と言っています。わからないことや知らないことを認め、好奇心旺盛な子どものように問いを立てていくことが、考えることの最初のステップになります。

問いが自由に設定できるようになると、考えることが楽しくなりますよ。

ぜひ、本章で紹介した問いを活用してみてください。

第3章

言葉を定義する
——ダイヤルを合わせる

言葉の〝ダイヤル〟を合わせよう

話がかみ合わない原因は言葉のズレ

みなさんは、こんな経験はありませんか？

職場のメンバーや知り合いと、あるテーマについて話しているとき、同じことを話しているのになぜか議論がかみ合わない。相手が何か違うものをイメージして話しているような気がする……。これはあなたと相手の言葉の〝ダイヤル〟が合っていないのです。

「ダイヤル」というと、ちょっと古くさいイメージがあるかもしれません。

「ダイヤルで調節する」というと、扇風機の風量調節やポストのダイヤル鍵を連想する人が多いのではないでしょうか。

ここで私がイメージしているのは、ラジオの選局をするダイヤルです。たいていのラジオはボタンを押せば局を選べるようになっていますが、防災用ラジオや携帯ラジオのなかにはダイヤルを回しながら聴きたい番組を選ぶものがあります。聴きたい局の周波数とダイヤルの目盛りが合っていなければ、ノイズに邪魔されてラジオの音声を聞き取ることができません。言葉もこれと同じで、お互いの使い方がズレていると有意義な議論にはならないのです。

そこで必要になるのが「定義づけ」です。

定義づけとは、ある言葉の意味をはっきりさせることだと考えてください。ダイヤルを合わせるように、自分の使う言葉の意味を明確にし、相手の言葉の意味を正確にキャッチする。実りある議論をするには、この作業が欠かせないのです。

「なんとなく」は使用禁止

そもそも、なぜ言葉のダイヤルを設定する必要があるのでしょうか。

1番目の理由は、自分のためです。

誰かに「どうしてそう思うの？」と聞かれて「いや、ただなんとなく……」と答えていることが多いとすれば、それはあなたの頭のなかが「なんとなく」な思考になっているということです。

「なんとなく」という理由は根拠としては弱いですし、何も考えていない印象を相手に与えてしまいますよね。

だから、今、この瞬間から「なんとなく」と言うのはやめましょう！

理由を聞かれて「なんとなく」と答えてしまう人は、頭のなかで言葉を選ぶ作業を放棄しているのではないでしょうか。

思考と言語は密接に関わっています。使っている言葉があいまいだと、思考そのものもボンヤリとしたものになり、どうしても浅くなっていきます。そうなると、あなた自身の言いたいことが相手にうまく伝わりません。

だから、物事を深く考えるためには、一つひとつの言葉と丁寧に向き合っていかなくてはいけないのです。

翻訳できないのは日本語のせい？

言葉のダイヤル設定が必要な2番目の理由は、相手のためです。もう少し詳しく言うと、その言葉を受け取る相手の負担を減らすためです。

誰かに自分の考えを伝えるとき、はっきり言わなくても、ある程度伝わればいいと思っていませんか？

確かに、日本には「察する文化」があります。思っていることをすべて、あるいはストレートに言わないことを良しとする考え方です。しかし、それははっきりと伝えないことで察する側に負担と責任を押し付けることになっていないでしょうか。

私は仕事で通訳を頼まれることがあるのですが、日本語からフランス語に訳すときに悩むことがよくあります。

毎年パリで開催される「ジャパン・エキスポ」というイベントに、日仏の通訳として参加したことがあります。そこで私は日本の着物文化を紹介するブースに入り、フランス人スタッフと共に働いていました。

そのとき、日本から来ていたスタッフの方が言った、

「しっかり、よろしくね。じゃあ頑張りましょう」

という言葉を日本語がわからないフランス人スタッフに通訳することになり、はたと困ってしまったのです。


何を「しっかり」するのか？

何を「よろしく」なのか？

「頑張る」とは具体的にどうすることなのか？


翻訳しようにも、解釈の仕方によっては何通りもの意味を持つ言葉なので、どう伝えていいのかわからず、しばらく固まってしまいました。

これは日本語があいまいさを含んだ言語だからという見方もできますが、それと同時に言葉を使う人の意識も関係しているでしょう。

自分の考えを相手にまっすぐ伝えたいなら、言葉を正しくチョイスすることを心がけたいものです。そうすることによって、お互いのコミュニケーションのズレを防ぐことができます。

パートナーから「夕飯はテキトーでいいよ」と言われたので卵かけご飯を出したら、「テキトーすぎだろ!」と怒られたという夫婦ゲンカの話を聞いたことがあります。

両者で「テキトー」のとらえ方がまったく違っていたわけです。

このように、なんとなく使われた言葉は相手の理解にズレを生む危険性があります。

ズレの原因は、もちろん相手と自分の言葉のダイヤルが合っていないことにあります。

そして、このズレは相手に大きな負担をかけてしまうことを忘れないでください。


自分が言葉に対して意識的になると、誰かが使っているあいまいな言葉が目につくようになるでしょう。この感覚が身につけば一歩前進。言葉の審美眼のようなものが磨かれて、ますます言葉に敏感になるという好循環が生まれるのです。

フランス人はどのように定義づけをしているか

最初に前提を共有する

フランスでは、言葉のダイヤルを合わせる、つまり定義づけをするのは考えるときの必須作業だと考えられています。

では、フランス人は、どのように定義づけをしているのでしょうか？

まず、アカデミックな世界や学校教育のなかで論文や論述を書くとき、導入となる部分にその文章のキーワードとなる言葉の定義を記します。

これは「私はこの○○という言葉をこんな意味で使います」という前置きです。

文章の始めから終わりまで登場するような重要な言葉であれば、なおさら最初に定義づけをしておく必要があります。そうでないと、読者が「あれ？　自分のイメージしているものと違うぞ」とモヤモヤを抱えながら読み続けることになるからです。

フランス人で文学の博士号を持っている友人は、以前、このことについて「フランス人以外が書いた論文は読みづらくてしょうがない。反対にフランス人の書いたものは型があって読みやすい」と言っていました。

このことからも、定義づけがフランス人独自の習慣であることがよくわかります。実際、フランスでは、文章を書くときにまず語の意味を最初に明確に示すことを教わるのです。

ところが日本の文章では、最初にしっかりと定義づけをしている文章をあまり見かけません。学術的な論文でさえも、です。

フランスのように論述を書くときの型がないからという理由もあるのでしょう。

フランスの「まず定義づけ」という型を知ってからは、私も先ほどの友人のように、フランスの論文以外は読みづらいと思うようになりました。

日本人が書いた論文を読むと「どういう意味で使っているのかを説明しないまま話を進めないでよ！」と思うので、読んでいてストレスがたまるのです。

仏教は宗教か哲学か

言葉の定義づけが行われるのは、文章だけではありません。会話のなかでも言葉の定義を確認し合うことがあります。

以前フランス人の知り合いたちと数人で話していたときに、日本人の私が参加していたからか、そのなかのひとりから「仏教って宗教じゃなくて哲学だよね」という問題提起がありました。

フランスでも、ヨガから仏教に興味を持ち、諸行無常や因果応報といった思想を自分の生き方や考え方に取り入れようとする人が多くいます。

私はそのとき、「確かに仏教って哲学的……かな？」としか答えられなかったのですが、そこにいた別のフランス人は「仏教は哲学じゃなくて宗教でしょ。宗教の定義って君にとって何なの？」と聞き返したのです。

私はハッとしました。

彼は相手とのズレを察知してか、すぐにその言葉の意味を確認したのです。

すると、聞かれた方は「宗教には神が必要なんだ。仏教には神がいないから宗教じゃない」と、こんなふうに会話が続きました。

その後は「ブッダは神のようなものだ。儀式もあるし、寺もあるじゃないか」「いや、儀式は押し付けられていないし、するかどうかは信者の自由だ。だから、どちらかといえば哲学だ」というように、仏教に関する議論が展開されたのです。

私は漠然と仏教も宗教だと思っていたものの、「宗教とは何か？」という定義の問題についてまでは深く考えたことがありませんでした。ですから、ちょっと相手とズレがあるなと思ったら、すぐに確認し合う作業はとても有益だなと感じました。

もし、この点をおざなりにしてズレが生じたまま話が進んでいけば、議論はきっとかみ合わないまま。納得する結論を導くことはできないでしょう。

フランスでは、このように文章のなかでも会話のなかでも、それぞれの「ダイヤル」を合わせて、自分の使っている言葉の定義を示したり、相手のものと確認し合ったりしているのです。

「表現の自由」にリミットはないか？

定義づけとは言葉の意味を決めることだと書きました。

では、具体的にはどんなことをするのでしょうか。

実際の手順についてふれる前に、「定義づけの定義づけ」をしてみましょう。

「定義づけ」でやるべきことは、大きく分けて2つあります。

ひとつは、リミット（範囲）を定めること。

「定義する」の英語はdefineです。フランス語ではdéfinirという動詞が使われますが、いずれも同じ語源で「リミットを定める」という意味があります。

つまり、「定義づける＝意味が及ぶ範囲を定める」ということです。


この点を理解するために、ひとつ例を紹介します。

2015年1月7日、パリで風刺新聞『シャルリー・エブド』の本社がテロリストに襲撃されるという事件が起こりました。この事件は、当時同紙がイスラム教の開祖であるムハンマドの風刺画を掲載したことがイスラム教徒の反発を招いていたことが背景にあります。「やりすぎでは？」「挑発行為だ」という批判もあるなか、風刺画の掲載を続けたことで、イスラム過激派たちの攻撃を受けることになったのです。

フランスではその後もテロが続くのですが、この一連の事件は日本でも大きく報道されたので覚えている方もいるでしょう。

襲撃事件後、フランスでは人々が一斉に「これは表現の自由を守るための戦いだ」と声をあげました。そして、政治家や著名人を含む多くの人が街に出て、横断幕を持ってデモ行進をしました。

けれども、「《表現の自由》とは何なのか?」を定義する人は誰もいませんでした。この大事な定義がなされないまま、言葉だけがひとり歩きして巨大化していったのです。普段の会話では定義づけを怠らないフランス人も、こんなに重要な局面では誰ひとり(メディアでさえも)「表現の自由」とは何かを語ろうとしませんでした。

『シャルリー・エブド』の風刺画には度を越していると感じるものも多くあります。決してテロリストたちを擁護するわけではありませんが、「表現の自由」はそれを掲げていれば誰かを傷つけてもいいという〝免罪符〟ではないでしょう。

私は「表現の自由」という言葉こそ、リミットを定めるべき言葉だと思っています。でも、そのときの空気に飲み込まれ、感情に支配されてしまうと、冷静に言葉の意味を問うことは難しいのかもしれませんね。

定義づけをするときは、できるだけ主観や感情に左右されず、客観的な目で言葉と向き合ってほしいなと思います。

「仕事＝生きがい」は本質ではない

定義づけでやるべきことの2つ目は、物事の本質を探ることです。

よく、テレビのインタビューなどで「あなたにとって○○とは？」と聞かれた人が「××です」と答えるやりとりがありますよね。

これは一見定義づけをしているように見えますが、実は違います。「私にとって」が枕詞になっているので、とても限定的で個人的。本質を探ってはいません。

「仕事とは？」「生きがいです！」、あるいは「スマホとは？」「生活になくてはならないものです！」といった答えでは、仕事やスマホの本質は何も見えてきません。

単なる個人的な価値判断は定義づけとは呼べないのです。

たとえば、「表現の自由」の本質を探るとするなら、どうなるでしょうか。

一言で表すのは難しいですが、根底にあるのは「権利」でしょう。

「表現の自由」は、歴史的には個人の思想や発言が権力者からの統制を受けないための権利としてつくられました。ところが、こうした性格があるため、この「自由」は次第に肥大していきます。

「私にはこれを言う（描く）権利がある！」と主張することによって、それがどんなものでも、また、誰に対してでも正当化されると思い込む人が生まれたのでしょう。

その結果、リミッターが外れたように、「表現の自由」が「言いたいことを言う権利」と勘違いされる状況が生まれたのではないかと私は思います。

「表現の自由」について考える場合は、言葉の意味をこのように明確にしておかないと、議論がかみ合わなくなるのではないでしょうか。

「定義づけ」をしてみよう

「普通においしい」ってどんな味？

では、実際に定義づけをやってみましょう。

みなさんはこんな会話を聞いたことはありませんか？


「新しくできたレストランに行ったんだって？　どうだった？」

「普通においしかったよ」

「企画書をつくってみたんですが、チェックしていただけますか」

「う～ん……普通だなあ」

「普通」という言葉は日常会話のなかでも頻繁に出てくるので、こういった会話もつい聞き流してしまいそうです。けれども、よく聞けば見逃せないところがあります。

「普通においしい」とはどんな味なのでしょう？

「おいしかったの？　おいしいけど不満な部分があるの？　どっち!?」

私ならこんなふうに思ってしまいます。

2つ目の「普通」もよくわかりません。悪くない（ギリギリ合格）ということ？　それとも物足りなくて不合格ということ？　だったら、なぜ「悪い」ではないのか？

「普通」という言葉はよく使っているのに、使われ方次第で誤解も生まれやすく、物議を醸す可能性さえある言葉です。そんな要注意な言葉だからこそ、立ち止まって言葉の意味について考えてみましょう。

「定義づけ」のための3つの質問

実は、簡単に定義づけができるツールがあるのです。それは、ある言葉について深く知るための「質問フレーズ」です。

ちなみにこれは、フランスの高校生が学ぶ哲学の参考書にも載っているものです。

この質問フレーズを、日常的に使いやすいようにアレンジしてみました。

質問フレーズは以下の3つです。これに沿って「普通」という言葉の定義づけをしていきましょう。

①どんなふうに使われる？

ある言葉の具体的な使用例をシチュエーションと共に書き出してみます。その言葉が実際に使われている様子を、前後の文脈も含めて切り取るイメージです。

「普通」については、先ほど会話の例をいくつか紹介しましたが、他にもこんな会話の例が考えられます。


「最近どう？」

「ん〜　まあ普通かな」


「上司に同行する商談に15分遅れただけなのに『もう帰れ！』って怒られちゃった」

「いや、それ、普通でしょ」

う～ん……「普通」だなあ
フツーって何なの！

会話以外で「普通」が入る言葉を挙げると、「(高校の)普通科」「普通自動車」「普通預金」「普通選挙」などがあります。

このように使用例を見ていくと、言葉に対するイメージが同時に浮かび上がってくるでしょう。イメージとは「ポジティブな印象がある」、あるいは「あまり良い意味には使われない」など、言葉そのものから受ける印象のことです。

たとえば、お金を節約している人を「倹約家」と呼ぶこともあれば、「ケチ」と呼ぶこともありますね。「倹約家」にはポジティブな印象がありますが、「ケチ」にはネガティブなイメージがあります。

このように、言葉には同じような状態を表しているのに、良い意味で使われるものと悪い意味で使われるものがあります。他にも「おっとりしている/のろま」「意志が強い/自分勝手」「論理の穴を見つける/へりくつを言う」など、いろいろあるでしょう。言葉の使われ方に注目することで、その言葉の本質に近づくことができるのです。

ただ、当然ですが、言葉の使用例を挙げただけでは定義づけになりませんし、まとめがなければ不十分です。この質問は、あくまでも言葉の特徴の一部を見るだけの役割でしかないことは忘れないでください。

②辞書における定義は？

2つ目の質問フレーズは「辞書の定義は？」です。

抽象的な言葉の「定義づけ」は基本的に辞書を引いてもあまり意味がありません。それでも辞書は、「定義づけ」を始める出発点としてはとても優秀です。

「普通」を辞書で引くと、以下のようなことが書いてあります。

「他の同種のものとくらべて特に変わった点がないこと。特別でなく、ありふれていること」（明鏡国語辞典）、「ひろく一般に通ずること」「どこにでも見受けるようなものであること。なみ。一般」（いずれも広辞苑）

辞書では、ひとつ目の質問フレーズによって登場した具体例の確認が行えます。

確かに、企画書の感想としての「普通だなあ」は、「ありふれている」「変わった点がない」という意味で使われていますね。

また、辞書では言い換えの例も示されているので「普通という言葉は『一般』や『並』という言葉でも言い換えられるんだ」という気づきもあるでしょう。

フランスでは「定義づけをするときには語源まで立ち返りなさい」とよく言われました。それは欧米の言語はラテン語やギリシャ語に由来するものが多く、言葉の成り立ちを知ることで、どのような理由でその言葉ができたのかがわかり、その言葉に対する視野を広げてくれるからです。

日本語の場合、語源を知るには漢字が役に立つでしょう。

漢字はそれぞれが意味を持つ、いわゆる表意文字です。それぞれの漢字に意味があり、漢字を読み解いていくことでも語源をたどることができます。

普通の「普」は、普遍や普及などにも使われている漢字で、「通」は通じるという意味です。これらがわかれば、「広く通じる」というもともとの意味が伝わります。

③反対語（類義語）は？

反対語、あるいは類義語は、ある言葉の輪郭を際立たせるのに便利です。

「それが何なのか？」にいきなり答えるのは難しくても、「それは何ではないか？」に答えるのは簡単です。類義語も似たような意味で使われている言葉と比べることによって、より対象の独自性が見えてくることがあります。

反対語を挙げるときは「普通ではない」といった否定語にするのではなく、新たな概念を見つけるようにしてください。

「普通」の反対語としては、「特殊」「非常」「異常」などが挙げられます。このように反対語を挙げてみると、会話で「普通」という言葉が出てきたときに、何の反対語としての「普通」なのかなと冷静に考えることができます。

「異常」の反対語としての「普通」だったら、その「普通」は望ましいものとしてとらえられるでしょう。たとえば、こんな感じです。

「この程度の血圧なら普通ですよ」

「今の時期に模試の点数が伸び悩むのって普通じゃない？」

しかし、「特殊」の反対語としての「普通」は何の変哲もなく、ありきたりで平凡だという意味になり、誰かをけなすときに使われることもあります。企画書に対する

「普通だなあ」は、こういう意味も含まれているのでしょう。

では、類義語はどうでしょうか。

「普通」の類義語としては「一般」「通常」「正常」「中間」などが挙げられます。

「似ている言葉でも、違う言葉として存在しているのだから絶対に違いがあるはずだ。その違いを見つけることで、その言葉の独自性にも気がつくことができる」

これは私が留学中に教授から言われた言葉です。

ここでまた、先ほどの例と行き来して考えてみます。

「最近どう?」

「ん～　まあ普通かな」

これは「通常」という意味で使われています。

「上司に同行する商談に15分遅れただけなのに『もう帰れ！』って怒られちゃった」
「いや、それ、普通でしょ」

こちらは「正常」または「常識的」とも言えるかもしれません。

「新しくできたレストランに行ったんだって？　どうだった？」
「普通においしかったよ」

この場合は「標準的な味だ」「(価格的に) 妥当だ」という意味でしょう。

「企画書をつくってみたんですが、チェックしていただけますか」
「う～ん……普通だなあ」

これは「月並み」「ありきたり」「平凡」のように言い換えられます。

「普通」はいつか「普通」でなくなる

なお、日本語の「普通」のように英語やフランス語でも「ノーマル」という言葉はたくさんの解釈ができます。フランスの哲学者カンギレムは、この「ノーマル」について、以下のように定義しました。

「ノーマルという概念は静止的で平穏なものでなく、ダイナミックで論争的な概念である」

何を「普通」と感じるかは、その人によって違います。8時間寝るのが「普通」の人もいれば、5時間寝るのが「普通」だという人もいます。

また、最近ではテレワークがそれほど珍しくないワークスタイルになりましたが、数年前までは会社に出勤するのが「普通」の働き方でした。

カンギレムの言うように、永久に「普通」であるものなど存在せず、何が「普通」なのかは、時代や人によって常に移り変わるのでしょう。

同じ人の頭のなかでも普通は変わります。筋トレをまったくしていなかった人が毎日の筋トレを習慣にすれば、筋トレはその人にとって「普通」になりますよね。

今まで普通でなかったものが普通になり、普通だったものが普通でなくなる。

このように「普通」はとても動的な言葉なのです。

言葉にはたくさんの意味があることがおわかりいただけたでしょうか。

言葉の意味を知ることで、

「この人はどんな意味で言っているのか？」

「自分は今、どのような意図でこの言葉を使っているのか？」

を考えて、ダイヤルを設定することができます。

自分が他の人と違った意味で言葉を使っていたときや、言葉の定義が誤っていたときは、定義自体をアップデートしてください。


言葉には豊かさがあります。現実世界がとても複雑で多様なように、それに合わせて言葉も常に変化し、より豊かなものになっていきます。

一度自分のなかで言葉のダイヤルを設定しておけば、改めてその言葉を使うときに使い方を意識するようになるでしょう。また、定義がアップデートされることで、新しい言葉の情報が少しずつ蓄積されていくのです。

対話でダイヤルを合わせよう

ダイヤルを合わせる3つの作業

言葉のダイヤルが合っていないと話がかみ合わなくなると書きました。では、お互いのダイヤルはどう合わせればいいのでしょうか？

会話や議論のなかで相手と言葉のダイヤルを合わせるときは、次の3つを心掛けましょう。

①相手の言葉を自分なりに言い換える
②自分がどう解釈したかを伝える
③相手に「その言葉、どういう意味で使ってる？」と聞いてみる

①②がダイヤル調整の主な作業であり、③はそれでもわからないときにストレートに相手に確認するということです。

たとえば、こんな会話があったとしましょう。

Aさん「国が途上国に対する100億ドルの支援を表明したみたいね」
Bさん「支援自体は良いことだよ。でも、日本は人口が減って国としての余裕もなくなってきているでしょ？　国内にも支援を必要とする人たちが大勢いるのに、バラマキなんて許せないよ」
Aさん「でも、世界規模で貧困を撲滅しないと、テロや感染症を生み出す原因が放置されることにならない？」
Bさん「資金は僕たちの税金じゃないか。ムダに使われちゃ困るな」
Aさん「支援が実を結んで、支援国の国づくりが進めば有効な使い道じゃない？」
Bさん「支援したお金は本当に困っている人の手元に渡るのかな。結局、援助する側の自己満足に終わるような気がするけどね」

この会話、どうやらお互いの認識にズレがありそうです。「支援」という言葉の定義がきちんと共有されていないと、建設的な議論ができません。お金を渡すだけの行為も、教育や職業訓練のような自立を促す取り組みも、同じ「支援」という言葉で論じるのは無理がありそうです。

こういう場合は、相手の言葉を言い換えたり、自分の解釈を伝えたりすることで、認識をすり合わせることができるのではないでしょうか。

Aさん「〝バラマキ〟は自立につながらない援助という意味よね？　だとしたら、学校や病院を建てることは〝バラマキ〟ではないんじゃない？」

Aさん「待って。あなたが言っている〝支援〟は、ただお金を渡すってこと？　私は相手国の貧困層を救う実効的な援助を〝支援〟と言っているんだけど」

たとえば、こんな具合です。

練習問題

では、次はみなさんの番です。

シチュエーションや会話の例を出しますが、ダイヤルがズレています。どこがズレているのか、どうダイヤルを合わせればいいのか、考えてみてください。

《問題1》

Aさん「Bさんって誰かに何か言われてもすぐに言い返せてすごいな。話も論理的だし、頭が良いよね」

Bさん「私が？　とんでもないです。第一、良い大学なんて出ていないし、国語の成績も悪かったんですよ」

この会話、AさんとBさんの「頭が良い」の意味がズレているようです。どのようにズレているか、みなさんはわかりますか？

《問題1　解答》

Aさんにとって、頭が良い人とは、正しいロジックで当意即妙に反応できる人のことのようです。弁が立つ人だとも言えるかもしれません。それに対して、Bさんは「頭が良い」ことを学校教育のなかで評価されることだと考えています。

もちろん、どちらが正解ということはありませんが、「頭が良い」という言葉は、日常でもよく使われるにもかかわらず、それぞれの人が違った定義で使っているように思います。頭の良さ＝学歴なのか、それとも論理的な思考力なのか、それともまったく別のものなのか？

会話のなかでも、そんなふうに問いかけてズレを解消することができます。

「頭が良い」の他にも、「良い母親」「良い上司」「良い会社」といった「良い」がつく言葉や、反対に「悪い」がつく言葉も、人によって意味するものが異なります。

子どもの食事を市販のベビーフードに頼らずに、すべて手づくりする母親だけが「良い母親」なのか？　部下がミスをしても、何も言わずにすべて請け負おうとする人が「良い上司」なのか？

「良い〇〇」と言ったときに、それが誰によっての「良い」なのか、短期的には「良い」ことでも、長期的には「悪い」ことではないのか、そんなふうに考えると「良い」の意味するものが変わってくるはずです。

《問題2》

Aさん「宗教団体が社会に害をもたらす存在になってしまったのなら、国は解散命令を出すべきだ」

Bさん「でも、憲法では信教の自由が保障されているよね。人が何かを信じることをやめさせるのは、どんな理由でも許されないよ」

この会話は、ある言葉の意味をそれぞれが確認することで、議論が平行線で終わるのを防ぐことができます。

さて、何について確認するといいでしょうか？

《問題2　解答》

答えは、「信教の自由」もしくは「宗教と社会の関係」でしょう。

信教（信仰）の自由は、日本国憲法第20条において保障されています。条文には、すべての人は宗教を信じる自由があるということと、国は特定の宗教に特権を与えてはいけないという、政教分離について書かれています。

Aさんは、社会に害をもたらす宗教団体とその信者には信教の自由は保障されないという意見。Bさんは、前提条件なく、信教の自由は絶対に守られるべきだという意見です。

この章の前半でも例に挙げた「表現の自由」にもつながりますが、ここでは信教の自由という言葉が及ぶ「リミット」をお互いに確認するべきでしょう。「信教の自由はどこまで保障されるべきなのか？」「人の精神や生活をコントロールすることや犯罪行為も辞さない宗教団体でも、信者の信仰の自由は守られるべきなのか？」というように。

Aさんは、Bさんに対して「もしも、あなたの知り合いに、ある宗教団体によってお金を奪われ、人間関係も壊されて社会的に孤立させられた人がいたとして、その人のことも信教の自由があるからという理由で放っておくの？」と、相手の主張を具体的にした上でさらに問いかけることもできます。

《問題3》

消費税はお金持ちでもそうでない人も一律に課される税金です。増税のニュースを聞いて消費税について改めて考えることもあるでしょう。

消費税については、「全員が平等に払う税金だ」といった意見をよく耳にします。では、ここで、「平等」という言葉について考えてみましょう。

たとえば「消費税はみんなが一律に払う税金なので、最も平等な税金だ」と言う人がいたら、その人にとっての「平等」とはどんなものでしょうか。

《問題3　解答》

お金持ちも庶民も買い物した分だけ税金を払うという点では、確かに平等と言えそうです。しかし、消費税が収入に占める割合を考えると、庶民の負担の方が多くなります。

一方、同じ税でも所得税は、課税対象となる金額が大きくなればなるほど税率が高くなっていく課税方式です（累進課税制度）。

課税対象額が大きいということは収入がそれだけ多いということですから、お金持ちと庶民との間で税の負担率が極端に変わるということはありません。その意味では、消費税より所得税の方が平等だと言えそうです。

要するに、〝機会〟の平等か〝結果〟の平等かという議論なのですが、この点が食い違っていると話がうまくかみ合いません。

「消費税はみんなが一律に払う税金なので、最も平等な税金だ」という主張も、正しいように聞こえますが、それは「機会の平等」でしかないわけです。

この場合も「あなたの平等は何に対しての平等？」と問い返して、「平等」の意味を確認すべきでしょう。

いかがでしたか？

なんとなく言葉を使っていると思考も中途半端になってしまうと書きましたが、会話のなかでもダイヤル調節を意識しながら、「なんとなく」議論するのをやめるようにしてみましょう。

お互いの言葉の意味を確認すると、視点や認識の違いがわかって、そのあとの議論もより建設的なものになりますよ。

COLUMN

理由を伝える訓練——究極の選択

「考える」ことの最大のメリットは、ひとりでできることでしょう。時間さえあれば、誰にも気兼ねせずに好きなときにできる。これが「考える」という行為です。

そこで、ひとりでできる〝思考トレーニング〟を集めてみました。

まず、取り上げたいのは「究極の選択」です。

「過去と未来、行けるならどちらに行く?」

「お金と時間、大事なのはどっち?」

このように簡単には選べない二択問題について考える遊びです。

みなさんも友だちとの会話で盛り上がったことがあるかもしれません。

この遊び、実は自然と意見を組み立てる訓練になっているのです。

自分が何かを主張するときには、その主張の「根拠」を用意しておかなければいけません。「私はこう思う」だけではなく、「私はこう思う。なぜなら〇〇だから」までがセットだということです。

とはいえ、「消費税率を引き下げるべき？」という問いに、すぐに主張＋理由を提示するのは難しいかもしれません。

でも、「過去と未来、行けるならどちらに行く？」といった非現実的な問いには、たいていの人が主張の理由をきちんと示して答えられるのです。

「遊び」ですから、いくら荒唐無稽な設定でも構いません。くだらないテーマでも自分の立場を明確にして正当性を主張することは、社会問題などの難しいテーマに対峙するときの訓練にもなります。

「究極の選択」自体がジレンマ、つまり葛藤を含んでいることも、この練習をお勧めする理由のひとつです。

葛藤という負荷があることで、考えることに必然性が生まれます。どちらかを選ばなくてはならないことが、いい意味でのプレッシャーになるのです。

また、「究極の選択」では、自分の価値観が明らかになります。
信じるのは科学か宗教か？
大切なのはまわりからの評価なのか、納得度なのか？
このように、どちらを選ぶかで、ちょっとした自己分析ができます。

では、次の選択肢だったらどうでしょう？　理由もあわせて考えてみてください。

・お金持ちだけど孤独／貧乏だけど幸せ
・常に「はい」と言わなければならない／常に「いいえ」と言わなければならない
・動物と話ができる／外国語が簡単にマスターできる
・瞬間移動ができる／時間を止められる
・知性と若さ、捨てなければならないとしたらどっち？
・眠らなくていい体と食べなくてもいい体、手に入れるならどっち？

第4章

物事を疑う
——頭のなかに余白をつくる

なぜ「疑う」ことが大切なのか？

すぐに信じてしまうことの恐ろしさ

考えるためのステップ、３つ目は「疑う」です。

目の前のものを簡単に信じないで、一度「本当かな？」と疑ってみる。

これはとても大切なことです。

……こんなふうに書いていますが、実は私はもともと人のことをまったく疑わない人間でした。

高校生のとき、英会話スクールに興味があったので話だけ聞きに行ったところ、数十万円もするプランを薦められました。

最初は抵抗がありましたが、「絶対に役に立つから」と促されるままに入金させられ、あれよあれよと言う間に契約に至ってしまったのです。

解約しようとしたのですが、間もなくこのスクールは経営破綻したため、返金はなし。お金を出してくれた親には、本当に申し訳ない気持ちになりました。

また、フランスに留学したばかりの頃、ノートを貸してくれたり、カフェに誘ってくれたりと親切にしてくれる学生がいたので「友だちになれそう」と喜んでいたら、次に会ったときに怪しげな宗教団体に勧誘された……なんてこともあります。

宗教団体やマルチ商法への勧誘は過去に幾度も経験があり、自分には何でも信じてしまいそうなオーラが出ているのかなと思うくらいです。

このようによく騙されていた私ですから、疑わないことのメリットとデメリット、そして疑うことによってどんな変化が起きるのかはよくわかります。

ところで、人はなぜ深く考えることなく物事を信じてしまうのでしょう？

言い換えれば、どうして疑わないのでしょうか？

それは、楽だからです。

本当にそれが正しいのか？

本当にこの方法は適切なのか？

相手が言っていることを信じていいのか？

こんなふうに、日常生活の中で物事を一つひとつ「疑う」のは、大変な労力を必要とします。そう、疑うことは面倒ごとを増やして頭を悩ませる機会を自らつくることなのです。そんな手間のかかることはやりたくないという人がほとんどでしょう。

だから、何も考えないで目の前のことを信じてしまう。

信じてしまえば、わずらわしいことを考えずに済みます。

先ほど「疑わないことのメリットとデメリット」と書きましたが、メリットがあるとすれば、まさにこの「何も考えずに済む」という点に尽きるでしょう。


でも、これはとても危険なことです。人の言葉を疑わずに信じてしまうと、次第に自分の意見を持てなくなります。これが疑わないことの最大のデメリットです。

誰かに考えてもらえば、自分は悩まなくて済む。それによって失敗したとしても、決めたのは自分じゃないからと他人のせいにすればいいでしょう。

自分は判断せず、すべてを「他人事」にすれば責任を問われることはありません。

でも、そんな傍観者のような生き方をみなさんは望むでしょうか。

本書を手に取ってくれたあなたは、「NO」と答えるのではないか。

私はそう信じています。

「疑う」とは一時停止すること

ところで冒頭から「疑う」という言葉を何度も使ってきましたが、そもそも「疑う」とはどういうことでしょうか？

「疑う」とは、あることを「正しくない」「信用できない」と決めつけることではありません。哲学の世界において「疑う」とは〝一時停止〟の状態を意味します。

何を停止するのか？

それは答えを出すこと、あるいは何かについて判断することです。

誰かが言ったことを鵜呑みにするのではなく、もう一度よく検討してみる。

そして、「本当にそうかな？」と自分に問いかけてみる。

曲がり角で立ち止まり、そのまま前進するか、曲がるか、それとも進むこと自体をやめるのかを選択する。

比喩的に表現しましたが、考えるときもまさにこのイメージです。

流れに乗って進むのは確かに楽ですが、疑うという「一時停止」によって、目の前のテーマを深く吟味し、検討することができます。

この本で克服しようとしている「何から考えていいのかわからない」という状況のなかでは、立ち止まるという選択肢は、すぐには思い浮かばないかもしれません。

それでも、いったん足を止めてみることで見えなかったものが見えてくるのです。

いきなり自分の主張をすることは難しくても、疑うという行為で議論に参加することもできるでしょう。

「その議題の設定は正しいのか？」

「それより先に考えるべきことがあるのでは？」

「そもそも、その前提は正しいの？」

こんなふうに疑うことから思考の方向性が見えてきます。

前に進む以外にも
選択肢はある

疑うことは一見議論を中断させたり混乱させたりする行為のようですが、そうではありません。素朴な疑問から誰も気づかなかった視点が見つかることもあるのです。

その意味で、疑うことは議論の参加者全員にとっても有益だと言えるでしょう。

すべてを疑うのも危ない

「そんなに疑っていたら疲れない？」

「何も信じられなくなるじゃないか！」

こんな反論が聞こえてきそうです。

私が言いたいのは、「すべてを疑いましょう」ということではありません。

矛盾しているようですが、実はすべてを疑うことは、すべてを信じるのと同じくらい楽なのです。

誰に何を言われても意見を変えない頑固なおじいさんのイメージでしょうか。そういう人は考え方に芯が通っているように見えますが、実は何も考えていないことが多いのです。

最近では、「新聞やテレビなんて信じない」「国は大事なことを隠している」と決めつけている人もいますが、こういう人が「陰謀論」にハマりやすいのです。

大事なのは、すべてを疑うことではありません。

絶対的なルールを設定するのではなく、自分の頭のなかに常に考えるための余白を持たせておくことです。自分の意見を組み立てるときには、このことを意識してみてください。

すべてを疑う人も、すべてを信じる人も、自分の頭のなかに余白がないために、外からの情報をただ「信じる／信じない」と機械的に処理しているにすぎません。

自分の頭を使って考えていないのです。そういう人とは、建設的な議論をすることはできません。自分の意見がないだけでなく、人の意見も吟味できないからです。

自分で考え、判断するためには、いったん立ち止まること、そして頭のなかに考えるスペースを確保することが必要なのです。

フランス人はどのように「疑う」のか？

簡単には同意しないフランス人

フランス で暮らしていると、つくづくフランス人は疑う力が長《た》けているなと感じます。疑いようのないものを見つけるために、あらゆるものを疑って疑って疑い続けたのは、フランスの哲学者デカルトでした。

デカルトは世の中にあるものを徹底的に疑ったあとで、ある事実に気づきます。「世の中のあらゆるものが疑わしいが、疑っている〝自分〟だけは疑えない」この確信から生まれたのが、有名な「我思《われおも》うゆえに我《われ》あり」という言葉です。

このデカルトの精神はフランス人のＤＮＡに組み込まれているのではないかと思うほど、現代のフランス人も「まず疑う」という姿勢が徹底しています。

第1章でも書きましたが、私が単に同意を求めたかっただけのときでも、「本当にそうかな?」「いや、自分はそうは思わない」と言い返されますし、多くのフランス人の口癖は「うん。でも……」です。

プライベートでも仕事でも、誰かが何か意見を言うと、それを簡単には受け入れないで反論しようとする様子をよく見かけます。

子どもが親に感謝する必要はない?

日本では一般的に親には感謝すべきで、大人になったら親孝行した方がよいと考えられていますよね。「ひとり暮らしをして初めて親のありがたみがわかった」とか「ここまで育ててくれたことに感謝している」といった会話は、みなさんもどこかで聞いた(言った)ことがあるのではないでしょうか。

ところが、日本にいるときと同じ感覚で私が「親には感謝しないとね」と言ったところ、それを聞いたフランス人にこう反論されたのです。

「本当にそうかな? 子どもを産んだからには育てる義務がある。義務でやったことに対して、子どもが感謝する必要は必ずしもないと思う」

こう書くと、フランス人はみな天邪鬼《あまのじゃく》のように思われるかもしれません。私自身もこの意見を聞いたとき、「なんて非情な人なの！」とショックを受けました。

でも、このときのショックは、のちに当然だと思っていることでも疑うことができるのだという学びに変わったのです。


私はフランスで結婚式を挙げたのですが、フランスでは結婚は市民同士の契約として市役所で市長の立ち会いのもとで行われます。

市長は家族に関する法律をいくつか読み上げるのですが、そこには「夫婦は子どもを養い、養育する義務を負う」「子どもには教育を受けさせ、彼らの将来に備えなければならない」という文言がありました。

新郎新婦はこの言葉に「誓います」と宣言します。子どもをつくる予定の有無にかかわらず、です。

私はこれを初めて聞いたとき、「親が子どもを育てるのは義務だ」という発言が出た背景が理解できた気がしました。

「親に感謝しなければいけない」「親孝行しなければいけない」以外の考えがあるこ

とを疑わなかった私は、頭のなかに余白がなかったのだと今ならわかります（それでも「親に感謝する必要はない」はやはり非情だな、と思うのですが）。

ロジックより共感性を重視する日本人

このように、こちらが軽く口にした意見に対しても、すぐには同意しないで「いや、でも……」と自分の見解を示すのがフランス流のやり方です。

もちろん、この違いは国民性の違いもあるでしょう。

第1章でふれたように、日本人は会話の中で何より「共感」を重視します。共感によって関係を深め、同意によって会話が進んでいく傾向があります。

「〇〇だよね」という投げかけには、「そうだよね」「わかる」といった返答を期待するでしょう。私自身もそのように会話してきましたし、日本で暮らしていた頃は共感をベースにした会話に対して、これっぽっちも違和感を抱いていませんでした。

逆にフランスでは、「うんうん、わかる」と話し手と聞き手が同意し合っている様子を一度も見たことがありません。

もし、日本人と話しているときに、「本当にそうかな？」「自分はそうは思わない」「私は同意できない」などと言えば、その場が凍りついてしまうでしょう。

でも、本当は共感できないけれど、その場の空気に流されて「わかる」と言ってしまうことや、何か違和感を覚えながらも同意してしまうことが、みなさんにもあるのではないでしょうか。

本来、そうした違和感から自分の考えを発展させることができるのに、その違和感の正体を明らかにせず、あいまいな状態にしておくのはもったいないと思いませんか。

会話の流れを毎回止めようということではなく、せめて自分の頭のなかでは流されることなく、批判的、主体的に物事を考えてみませんか、という提案です。

「自分は本当にこの意見に賛成しているのか？」

誰かの意見に共感や理解を示す前に、少しだけ自分自身を疑ってみてください。

こんなふうに心掛けるだけでも、考える力が身につくはずです。

批判精神を育てるフランスの教育

それにしても、フランス人にはなぜこのような「疑いグセ」がついているのでしょうか？

フランスの学校教育と、あるフランス人哲学者の言葉から、フランス人の疑う姿勢について考えたいと思います。疑うことがなぜ必要なのかがわかるはずです。

近年、「クリティカルシンキング（批判的思考）」という言葉を耳にする機会が増えました。フランス語では「エスプリ・クリティック（esprit critique）」。日本語にすると「批判精神」となります。

「批判」は否定と同じ意味で使われることもありますが、この場合はちょっと違います。悪いところや欠点を指摘するという意味ではなく、あるものを注意深く観察して分析する、といった意味です。否定よりも「批評」に近い感覚かもしれません。

この思考法は、インターネットを通じてフェイクニュースがはびこるようになってきてから、一層注目されるようになりました。

ニュースや新聞記事を見る（読む）ときにも、むやみに信じる（拒絶する）のではなく、論者の発言の根拠や意図を探り、本当に信じられるものかどうかを見極める力をつけなければならない。フランスでも、そうした問題意識から「エスプリ・クリティック」の必要性が強く叫ばれているのです。

フランスでは、小学校の学習指導要領のなかで、すでに「エスプリ・クリティック」という言葉が登場します。「道徳・市民」という科目のなかで、ある情報が事実なのか、それとも主観だけで論じられているものなのかを区別するのです。

批判精神を養うために、哲学的なテーマについて子どもたち同士で話し合いをさせる小学校もあります。フランスでこれを「哲学のアトリエ」と呼んでいます。

「暴力には暴力で応えなくてはならないか？」

「人生に意味はあるのか？」

このように簡単には答えが出ない問いについて、小学生たちが議論するのです。

なぜ、哲学的な議論が批判精神を育むのでしょうか？

哲学的な問いには唯一の正解がないので、各自が自分の考えたことを自由に話すことができます。これが勝ち負けを決めるディベートとは大きく異なる点です。

最近、日本でも学校教育にディベートを採用していますが、これは知識があって弁の立つ人が優位になるだけで、思考力を高めることには有効ではありません。

一方、「哲学のアトリエ」は、各人が自分の視点を提供することで、物事に対する理解を深めていく営みです。良いか悪いか、勝つか負けるかよりも、話し合いによって物事に対する豊かな見方ができることを目指します。この多角的な見方こそが、批判精神を養うときの大事な要素になるのです。

「ノー」と言うことで思考が走り出す

学校教育での実践以外にも、フランス人が疑うことの重要性についてどう考えているのかがよくわかる言葉があるのでご紹介します。

『幸福論』で有名なフランスの哲学者アランは、「考えるということは『ノー』と言うことだ」と言いました。

アランは誰かの提案や意見に対して「イエス」と言うとき、私たちの思考は「眠っている」状態なのだと言います。

普段、思考は半分眠っているような状態で、もっともらしい証拠や理由を見せられると、簡単に同意してしまうようになっています。それに屈せずに「ノー」と言うことで思考が起き上がります。なぜなら「ノー」と言ってしまったからには、その理由を説明し、相手に理解させなければいけないからです。

他人の意見を疑わずに「イエス」と言って楽をしようとするもうひとりの自分と、思考は戦っているのだ。アランはそう言います。

「ノー」と言うことは、とても勇気がいることです。

誰かの言ったことを否定する。

提案されたことを断る。

他人が何かをするのをやめさせる。

「ノー」は流れを止めてしまうので、覚悟が必要です。

とくに日本では、直接的に「ノー」と意思表示をするのを避ける風潮があります。

私が使っているフランス人向けの日本語の教科書でも、誘いを断るときには「日曜日はちょっと……」と婉曲《えんきょく》的に言うものだ、と書かれています。

実際、「ノー」と言うのはエネルギーが必要でしょう。

だけど、勇気を出して言わなければ、自分の考えを持つことはできない。

そんなメッセージが、アランの主張から読み取れます。

「ノー」は、思考を動かすためのモーターなのです。

フランス人の頭のなかには、この思考が染みついているのかもしれません。

ちなみにアランの言葉をまわりのフランス人にどう思うか聞いてまわったところ、誰もが納得していました（このときは「うん。でも……」とは言われませんでした）。


日本の社会でキッパリ「ノー」と言うことは簡単ではないでしょう。

しかし、慣れてくれば、意外と難しいことではないのです。

ただし、重要なのは、なぜ「ノー」なのか、理由を明確に伝えることです。

わがままや気まぐれではなく、検討すべきことがあるのだということを誠実に伝えれば、きっと相手は耳を傾けてくれるでしょう。

前提を疑うトレーニングをしよう

3つの視点で疑ってみる

ここからは「疑う」テクニックです。

まずは、物事を疑うときの「視点」を身につけましょう。

ここでは3つの視点を取り上げます。①〜③の視点を意識すれば、自分の意見がうまくつくれないときでも、疑うことを通じて議論に参加することができます。

①正当性があるか疑う

「それって本当に正しい？」

「あなたがそう主張する根拠は？」

あらかじめ提示された情報に対して、正しいかどうかという〝正当性〟の視点から疑問を投げかけてみましょう。

根拠が示されていればそれでOKではなく、その根拠が本当に信じられるものかどうかまで見る必要があります。これはまさにフェイクニュースのように誤謬《ごびゅう》が含まれているものについて、批判的に見なければならないときの代表的な視点です。

たとえばアンケートなら、回答者数が少ないものを絶対的な根拠とすることはできません。また、データが集められた日付が古すぎる、偏った層から回答を集めている……となると話が変わってきます。

「職場のコミュニケーション」に関するアンケートなのに、回答者の9割が20代の社員という結果では、分析しても意味がないでしょう。

とくにビジネスの現場で話し合いをするのであれば、前提や根拠が正しいかどうかは、早い段階で確認しておくべきです。

〝そもそも論〟を言うと、「話が進まないから」と嫌がる人もいますが、これは議論をする上で欠かせない作業です。

②他のアプローチがないか疑う

「これが最善の解決法なのか?」

「他の方法は絶対に採用できないのか?」

「見落としている方法はないのか?」

こんなふうに、別の可能性がないか、疑う視点です。

アンケート調査や市場調査を見ると、その結果をふまえた考察が書かれていることがありますね。

たとえば、「少子化が進む原因と対策」というレポートで、

アンケートによると、結婚したカップルが出産に消極的な理由は、育児費用がかかりすぎるためという回答が多く見られた。そのため、国や地方自治体には子育て世帯に補助金を出すなど優遇政策を推進することを求めたい。

こうした考察を「ふーん」とただ受け入れるのではなく、「本当にその理由だけでこの結果になる?」と疑う視点を持ってみてください。

右の例も一見もっともらしい考察ですが、これが唯一の解決策だという結論は、疑った方がよさそうです。

物事を進める段取りを決めるときに、方法・手順を深く検討せずに、当然のこととして議論されていくことがあります。そんな場合はいったん立ち止まって、「それで進めて本当にいいの？」と疑う必要があるでしょう。「再考の余地はないと思ったけど、実は別のアプローチがあった」というケースは意外と多いのです。

③あえて強調して疑う

ディセルタシオンでは、

「○○であれば必ず△△であると言えるか？」

「○○は常に△△でしかないのか？」

というように、「絶対に～」「常に～」「必ず～」といった表現が問いのなかに添えられていることがあります。

このように言われると、

「確かに〝必ず〟ではないかもしれない」

「じゃあ、どんな場合に例外が発生するんだろう？」

と考えを進めることができます。

あえて強調し、おおげさに疑ってみることで、白か黒かの二者択一ではなく、その間にあるグラデーションの部分に目を向けられるようになるのです。

「顧客の満足度を上げることが大切だ」と言われればその通りだと思えますが、「絶対に大事？」「他の条件が優先される状況はない？」と疑問を投げかけると、見落としていたものが見つかることがあります。

その場の空気に流されて納得するのではなく、このように極端な言葉をぶつけてみることで、さらに精度の高い議論を続けることができるでしょう。

では、具体的なテーマをもとに、疑い方の「練習」をしてみます。

次の4つの問いが出された場合、すぐに答えるのではなく、別の視点がないかどうか、考えてみてください。

そのアンケート
20代しか回答していない
ですよね～
ボンッ
ギクッ

練習問題

《問題1》

企業が大切にすべきなのは利益か顧客か。

《問題2》

自社のブランド力を高める方法を考えなさい。

《問題3》

女性専用車両はあって男性専用車両がないのは不平等。男性専用車両を導入すべき。

《問題4》

少子高齢化のなかで労働力を確保するには外国人労働者の受け入れが必要だ。

《問題1　解答例》

企業が大切にすべきなのは利益か顧客か。

仕事のなかでこの問題に直面して悩んだことがある、という人もいるでしょう。

実際、就活のグループディスカッションでもよく出題されるテーマです。

このように、あらかじめ「AかBか？」と選択肢が決められているものについては、すぐに「どっちだろう？」と考え始めるのではなく、「どうしてこの2択なのだろうか？」「本当に2つの選択肢しかないのだろうか？」と疑ってみましょう。

また、「企業」という言葉は範囲がとても広いので注意が必要です。

同じ企業でも、グループ会社がいくつもある大手企業から中小企業、個人経営の会社までさまざまです。会社の規模によって、顧客との関係性や利益の規模も異なるでしょう。

問いを設定した人がいるなら確認したいところですし、そうでなくても第3章で解説したように、言葉を定義してから議論を始めたいところです。

「企業」に限らず、「日本人」「欧米」「若者」のような〝主語が大きい言葉〟が出てきたときには、「本当にひとまとめにできるのか？」と疑う視点も忘れずに。

《問題2　解答例》

自社のブランド力を高める方法を考えなさい。

このようなテーマだったら、どのように疑いますか？

「ブランド力は本当に上げなくてはいけないか？」と、まずは設問の正当性を疑えますよね。また「今すぐに上げなくてはいけない？」など、あえて強調して疑うこともできるでしょう。

さらに「ブランド力を上げないとどうなる？」という疑問が生まれますし、「ブランド力はどうやって計るの？」といった問いにつなげることも大事です。

こんなふうに疑うことは、一見ばかばかしいと思えるかもしれません。

テーマにケチをつけているように感じる人もいるでしょう。

でも、いきなりテーマについて考え始める前に、前提事項について疑うことは、その後の議論にも大いに役立ちます。

与えられたテーマですぐに考え始めるのではなく、ちょっと一時停止をするだけで、そのあとで考える内容が何倍も濃密なものになるのです。

《問題3　解答例》

女性専用車両はあって男性専用車両がないのは不平等。男性専用車両を導入すべき。

一見、筋が通っているようにも思えます。

では、「あなたはどう考える？」と聞かれたとき、みなさんならどう答えますか？

「どちらでもいい」「とくに言うべきことがない」と片付けてしまうのはやめましょう。

それでは自分の意見をつくるトレーニングにはなりません。

何も思い浮かばなくて困ったら、前に述べたように、いったん「ノー」と否定してみてください。

実際にはこの主張を否定するつもりはないとしても、「自分がこの意見に反対するとしたら、どう主張する？」と考えることで思考が動き出すのです。

自分が賛成している・していないにかかわらず、どちらの立場の理由・根拠も考えてみることはフランスの哲学の授業でも求められることです。

たとえば、導入反対の立場で考えてみてください。

「男性専用車両は導入すべきではない。なぜなら……」に続く文を考えてみましょう。

反対する人はどんな論理を持っているのでしょうか。

「男性が電車で痴漢行為の被害者になる割合は低いので必要がない」

「タテマエの平等を実現しても本質的な問題が解決するわけではない」

このような理由が考えられるでしょうか。

さらに疑うときの視点①と②も取り入れて「本当の解決策になっているか？」「他のアプローチはないのか？」という問いを立てるのもいいですね。

《問題4　解答例》

少子高齢化のなかで労働力を確保するには外国人労働者の受け入れが必要だ。


この主張に対してはどうでしょうか？

また、「ノー」から始めてみましょう。「外国人労働者の受け入れは必要ない。なぜなら……」のあとはどのように続けますか？

「外国人に頼るのではなく、子育て支援を増やして自国内で解決すべき」

「外国人労働者の劣悪な労働環境が解決されないまま受け入れるべきではない」

このような理由が示せるでしょうか。

前提を疑うときの視点を用いれば「本当に必要か？」「早急に必要か？」「それ以外の手段は何もないのか？」などと疑うことができるでしょう。

解決策を提案する主張には、まず根底にある問題を明らかにすることが大事です。問題が理解できていなければ、解決策も的外れなものになってしまうからです。

また、解決策についても複数のアプローチが可能ではないのか、「絶対に解決しなくてはならないのか？」といった問いを通して慎重に進んでいく方が、より確実性のある解決策を提示することができるのです。

答えを出す前に、いったん立ち止まる。

賛成する前に「もし『ノー』と言うとしたら？」と想像してみる。

このようなクセをつけることで、あなたの思考のモーターはどんどん回りやすくなっていくでしょう。

COLUMN

思い込みを排除する訓練――3つのポイント

自分の意見を組み立てるとき、最も警戒しなければならないのは〝自分自身〟です。「私は思い込みが強くないから大丈夫！」と自信がある人でも、無意識のうちに偏見や先入観に支配されているものです。

では、自分の意見が正しいかどうかは、どうチェックすればいいのでしょうか。

ここでは、３つのポイントを紹介します。

ポイント①　「権威」の発言を鵜呑みにしていないか？

人は権威のある人の発言を聞くと、簡単に信じてしまうものです。

専門家や肩書のある人の発言を深く考えずに支持してしまう。

これを「権威バイアス」と言います。

コロナ渦でも、医療関係者が発信した「ワクチンを打つな」という情報をそのまま拡散した人たちがいました。「医療従事者が言うのだから正しいのだろう」と盲信するのは危険です。
もし、自分の意見が専門家の発言を根拠にしているなら、本当に信頼できる人の発言なのか、あるいは正しいデータにもとづく発言なのか、見直してみるべきです。

ポイント② 多数派の意見だから支持していないか？

SNS上では、フォロワーの数がそのまま意見の正しさを裏付けていると「錯覚」している人がいますが、当然そんなことはありません。その意見に賛同する根拠が「多くの人が支持しているから」では自分で判断していることにはなりません。

ポイント③ 感情に影響されていないか？

一時の感情や「好き・嫌い」に影響されて判断していないでしょうか。
「あの人は嫌いだから賛成できない」「この人は好きだから言っていることも正しいはずだ」というように、判断が好き・嫌いに左右されるようでは論理的に考えているとは言えません。

とくに人を批判するときは要注意です。

SNSの炎上現場を見ていると、自分のフィルターを通した意見ではなく、他の人に「乗っかる」ように人格否定をしているケースを目にします。

自分の機嫌や相手に対する好き・嫌いの感情は捨て去って、冷静に分析する判断力を身につけたいものです。

実は、ここに挙げた3つのポイントは「弁論学」を参考にしています。

弁論学とは、古代ギリシャ・ローマ時代にすでに確立されていた「人を説得するためのテクニック」です。修辞学、雄弁学と呼ばれることもあり、ヨーロッパでは統治者が学ぶべき学問とされてきました。

しかし、この技術はときに内容の乏しさを弁舌で隠そうとするものとして軽蔑的な見方をされることもあります。相手を言いくるめるテクニックでもあるわけです。

古代から現代に至るまで、人の判断を誤らせるポイントは変わっていないということですね。

第5章

考えを深める
——思考の海に潜る

自分と対話をしながら思考を深めよう

会話のキャッチボールを続けるために

これまで、「問いを立てる」「言葉を定義する」「物事を疑う」という3つのステップについて解説してきました。これらができるようになれば、「何から考えればいいのかわからない」という悩みはかなり解消されるのではないでしょうか。

とはいえ、会話はキャッチボールです。あなたが自分の意見を発信できたとしても、それで終わりではありません。投げたボールはまた返ってきます。そのときに深く考えておかなければ、投げ返すことはできません。

知り合いに感動した小説を「すごく良かったよ！」と薦めたときに、「どこが良かったの？」と返されたら……。会社の先輩に「プレゼンのやり方、勉強になりました！」と言ったときに、「どのあたりが？」と聞かれたら……。

情緒的な感想を言って満足していると、その先を求められたときにアタフタしてしまいます。そうならないために、自分の考えを深める練習をしていきましょう。

前述したように、フランス人は、ひとつのテーマについてじっくり議論する習慣があります。これができるのは、フランス人が思考の深掘りを意識的に行っているからです。

そして、この能力は先天的なものではなく、いくつかのテクニックを使えば誰でも身につけることができます。

ところで「考えを深める」とはどういうことでしょうか？

テクニックの説明に入る前に、この点について考えてみましょう。

みなさんは「深める」という言葉に、どんなイメージがありますか。

ちょっと難しい話や哲学的な話をすると「深いね〜」と言われることがありますが、「深い」という言葉も普段何気なく使われているように思います。

「考えを深める」という行為を定義づけるとすれば、次のようになるでしょう。

・一部だけでなく全体に目を向ける
・表面から本質に迫る
・単純な考えから複雑な考えに移行する

このように、前者から後者に視点を移しながら、ある事柄を複数の角度から掘り下げていく。これが「考えを深める」という行為なのです。

より深く考える3つのプラン

この章では、2つのシチュエーションで深めるテクニックを紹介します。

議論のなかで投げられた球をうまく返すには、まず自分があらかじめ考えを持っていなければいけません。そこでまずは「自分と対話しながら思考を深める」方法について解説していきます。

この場合も「ディセルタシオン」が参考になります。ディセルタシオンでは、たったひとりで難問に対峙し、4時間かけて自分の考えを書かなくてはいけません。

本番の試験では誰も助けてくれませんから、ひとりで思考を深めていくことになります。なぜ、そんなことができるのでしょうか。

フランスの高校生たちが読む哲学の教科書には、思考を深めるために使える「プラン」が紹介されています。ここでは代表的なものを3つほどピックアップしました。それぞれのプランによって思考がどのように展開されるのか、注目してください。

矛盾から解法を創造する「弁証法プラン」

まずは「弁証法」プランです。

弁証法という言葉は、みなさんも一度は聞いたことがあるかもしれません。

一言で言うと、ある主張A（テーゼ）と、正反対の（あるいは別の視点の）Bという主張（アンチテーゼ）を組み合わせて、さらに上のレベルの主張C（ジンテーゼ）を導く考え方です。もともとは哲学者ヘーゲルが提唱した考え方で、フランス語が「ディアレクティック（dialectique）」、英語は「ダイアレクティック（dialectic）」。いずれも「対話」という意味が語源にあります。

難しそうに聞こえるかもしれませんが、要は人と対話しているように、「Aだ！」「いや違う、Bじゃないか？」「いやいや、AでもBでもない。Cだ！」といった感じで論を展開していくだけのことです。

たとえば「発達障害のある人たちがそれぞれの良さを生かして働ける会社をつくりたい」というテーゼがあったとします。そこに「資金が足りない」というアンチテーゼがぶつかっています。

この対立を解消するために、「社会的に意義のある事業だから賛同者は必ずいる。クラウドファンディングで資金を集めよう（ジンテーゼ）」という結論を導きます。

「資金が貯まるまで粘り強く頑張る」「親戚に借金をして集める」ではなく、まったく別の次元の解決策を見つけている（アウフヘーベン）ことがポイントです。

AとBをなんとなく交ぜた結果、間をとってCにする……という結論は真新しさもありませんし、面白い発見にもつながりません。

しくみはシンプルですが、このプランでは自分自身と対話することによって思考が発展していく様子を実感することができます。

例 部屋が汚れている！

①テーゼ
部屋をきれいにしたい。

②アンチテーゼ
疲れているし、時間もないからやりたくない。

③ジンテーゼ
ロボット掃除機に掃除を任せる。

自分で掃除する・しないといった2択ではなく、「ロボット掃除機」という第3の道を見つけて解決策を引き出しています。

問題の〝原因〟に着目する「分析プラン」

次は「分析プラン」です。このプランは解決したい具体的な問題があるときに有効です。最初に物事の状況を分析し、原因をつきとめ、次にその後の結果を予想する（あるいは解決策を提示する）……という流れで考えます。

分析プランは、医師の診療に似ています。

医師は患者の症状（例：患部が赤く腫《は》れている）を分析します。そして、患者の過去の行動や体に起きている異変を聞いて「ウイルスによる感染だろう」と原因をつきとめます。

次に「このままだと高い熱が出る可能性がある」と、進行後の結果を予想するでしょう。必要であれば、薬の処方や悪化しないようなアドバイスをするかもしれません。

状況の分析と原因の究明をする際に、どこに注目するかによっても解決策が変わってきますので、ひとつのテーマでもいろいろな展開が考えられます。

たとえば、こんな感じです。

例 日本の少子化

①状況の分析

日本の出生率は毎年減少傾向にある。2016年以降、※合計特殊出生率は連続で低下している。

②原因の究明

子どもが大学を卒業するまでに約3000万円かかるという試算もあり、これから子どもを育てようという人たちには経済的な不安がある。賃金の上昇が見込めないなか、将来的な負担を考えると簡単に出産できるような状況ではない。

③解決策

一時的ではない子育て支援が必要だ。出産時の一時金だけでなく、高校や大学の学費までも視野に入れた教育費の軽減が求められる。

※15～49歳までの女性の年齢別出生率の合計。女性が一生の間に産む子の数に相当する。

このプランの特徴は、「原因」の設定の仕方によって解決策がまったく違ってくるということです。

少子化の原因を「子育ての負担が女性だけに押し付けられている」ことに求めるなら、待機児童問題の解消や男性の育休取得率の向上といった解決策が見えてきます。

けれども、そもそも独身の男女が出会う機会が減っていることが原因だとすれば、「行政が街コンなどのイベントを積極的に実施する」という解決策が出てきます。

当然のことを言っているようですが、ある問題について考えるとき、原因がひとつしかない、ということはあまりありません。複数の可能性を考えてみることで、独自の視点が見つかるのです。

原因を究明するときも、一時停止をして「本当にこれが唯一の原因だろうか？」と自問してみてください。

3つの視点から掘り下げる「テーマ別プラン」

最後はひとつの物事をさまざまな視点から見てみようというプランです。

フランスでは文章を書くときやロジックを展開するときに「3」が好まれる傾向に

あるので、これにならってできるだけ3つ（難しければ2つ）の異なった視点を挙げてみましょう。

たとえば「いじめ」の問題はもっぱら教育の視点から語られがちですが、クラス内の政治問題とも言えますし、ひとつのコミュニティの強者と弱者の構造ととらえれば社会学的視点で考えることができます。

もちろん、「いじめ」の本質を哲学的に考えることだってできるでしょう。このように複数の視点を持つことは、思考を掘り下げる手段として非常に有効なのです。

例 移民の受け入れ

①社会的視点

移民の受け入れは、社会構造の変化を引き起こす。貧困や差別によって犯罪が増える可能性を指摘する声もある。

②経済的視点

働き手が増え、人手不足が解消される。これにより、経済が停滞するリスクを減らすことができる。

③文化的視点

さまざまなルーツを持つ人が集まることで新しい文化が生まれる可能性が期待される。一方で、これまでの日本の文化は良くも悪くも大きな影響を受けるだろう。

以上が思考の掘り下げに使える3つのプランでした。

どんな議論にも使える万能なプランはありませんが、①の「弁証法プラン」は比較的汎用性が高く、使い勝手がいいプランだと言えるでしょう。

あるものを違った角度から見ることは、アイデア出しなどで行き詰まってしまったときにも有効です。複数のポジションに立って対象を見ることで、新しい発見が生まれるはずです。

テーマ別プラン

３つの視点からテーマを掘り下げる

日本は捕鯨を続けるべき？

動物保護
知能が発達した動物を食べるなんてダメよ
伝統文化
でも、捕鯨は日本の伝統文化なんですよ
環境
う～ん 環境を壊しても守らなきゃいけない文化って何なの？

議論しながら思考を深めよう

映画を観たあとは「視点」を交換する

なんとか自分の意見をつくることができても、それで終了……ではないですよね。

議論はひとりだけではできません。

必ず、相手がいます。

相手の話をよく聞き、言いたいことを理解して、さらにもう一度自分の意見をつくっていく。議論とは、このようにそれぞれの意見をキャッチボールしながら進んでいくものです。

では、思考を深める議論とは、どういうものでしょうか?

たとえば、映画を観たあとでこんな会話をすることがあるでしょう。

「面白かった！」

「うーん、私はあまり面白くなかったな」

「どうして？　最後のオチはすごかったけどな」

「私は途中でわかっちゃったから〝やっぱり！〟って感じで」

これはそれぞれの感想を言い合っているだけなので、思考を掘り下げているとは言えません。会話もこれ以上は広がらないでしょう。


私はあるとき、フランス人が同じように映画を観たあとでどんな会話をしているのか、注意深く観察してみたことがあります。その結果、あることがわかりました。

彼らがやっているのは「視点の交換」だったのです。


日本の映画はフランスでもとても人気があり、古い白黒映画から最新のアニメ映画まで、さまざまな作品が観られています。

映画好きな人から「日本の◯◯監督の作品が大好きなんだ！」と話しかけられることもよくあります。

あるとき、黒沢清監督の大ファンであるフランス人に誘われ、「CURE《キュア》」という作品を観ました。

この映画は猟奇的殺人事件の犯人と彼を追う刑事を描いたサイコ・サスペンスで、犯人である青年が催眠術を使って人々を洗脳し、次々と「殺人者」に仕立てあげていくというストーリーです。

友人は観終わってから「この映画って日本社会の闇を描いているよね?」と私に言いました。

どういうことかと尋ねると、彼は、日本人は悩みやストレスを抱えているけれど、誰にも迷惑をかけないように、できるだけ悩んでいるそぶりを見せないように暮らしている。その抑圧が青年をつくり出し、結果として彼が攻撃性を拡散する「伝道師」のような働きをしたのではないか、という解釈を話してくれました。

また、別のフランス人は「ドーン・オブ・ザ・デッド」というゾンビ映画について「この映画は大衆社会を批判しているんじゃないかな。ゾンビは資本主義に飲まれていく消費者の象徴として描かれていると思う」とコメントしていました。

「あの場面が笑えた」「あそこの展開は予想外だった」という感想しか話せなかった私にとって、その視点は意外性があり、驚きを感じたことを覚えています。

分析が正しいかどうかはあまり重要ではありません。むしろ、その人にしかない視点を提示することにこそ意味があるのです。


フランスでは学校教育のなかで芸術作品の分析方法を学ぶ授業があります。だから、彼らは映画の感想を語るときにもすぐに自分なりの見方を語り出すことができるのでしょう。

日本の学校ではそうした授業はありませんが、映画や絵画であれば、自分が何を読み取ったかについて話しやすいはず。その意味では、誰かと意見を交わしながら思考を深めるための格好の題材だと言えそうです。

また、芸術作品の解釈には唯一の正解はありません。

どんな解釈をしても自由ですから、自分が作品をどう読み取ったかについて、正解を気にすることなくそれぞれの視点を交換できるのです。この点も、映画を活用するメリットと言えるかもしれません。

人の主張は4タイプに分けられる

人と議論しながら思考を深めていく場合、大事なのは相手が何を言いたいのか、どの視点から話しているのかを瞬時に見極めることです。

フランスのモンペリエ・ポール・ヴァレリー大学の名誉教授で哲学教育の専門家であるミシェル・トッズィ氏は、『Penser par soi-même : Initiation à la philosophie（自分自身で考える 哲学入門／未邦訳）』という本のなかで、人の主張は主に4つのタイプに分けられると言っています。

わかりやすく言い換えると、

- **道具**
- **経済**
- **論理**
- **良識**

この4つです。

議論のなかで、相手がどの視点から発言しているのかがわかれば、こちらの意見も組み立てやすくなります。

逆に、視点の理解にズレがあると、話がかみ合わなかったり、問題の解決に至らなかったりします。そんなときに、この4つのキーワードを覚えておくと、機械の歯車がうまくハマるように実りのある話し合いができるのです。

では、4つのキーワードは何を意味しているのか、順に解説していきましょう。


まずは「道具」です。

この理屈を用いる人は、効率や利便性を重視しています。

たとえば、死刑制度を支持する人が「人は死を怖がるから死刑制度は犯罪の抑止力になる(→死刑賛成)」と主張したとしましょう。

この主張は死刑制度の「効用(用途)」に注目しています。

犯罪の少ない世界を実現するためには、刑罰がそのための最適な道具(手段)として機能している……というように、ある目的を達成するための〝ベストな手段〟を探しているのです。

この立場に立つ人は、実用的な視点から問題の解決を目指しています。

ですから、彼らが支持するもの（ここでは死刑制度）は、それ自体に価値があるというわけではありません。それを使うと「時短になる」「手間が省ける」といった「手段としての価値」が評価されているということです。

「道具」の理屈を使う人たちは、不便なもの、役に立たない（と思われる）ものを良しとしません。何かを批判するときも、そのような視点で批判をします。


2つ目は「経済」です。あるいはコストと言い換えられるかもしれません。

死刑制度を例にとると、

「死刑がなければ囚人たちを死ぬまで養わなければならない。その予算はもったいないから死刑はあるべきだ（→死刑賛成）」

という論理で意見を組み立てているのです。

刑務所の建設費用や刑務官への給料、囚人たちの食事などは、すべて国の税金でまかなわれています。自分が納めた税金が犯罪者のために使われるのは許せない、とい

主張は4つのタイプに分けられる

	なぜ賛成か？	なぜ反対か？
道具	役に立つ うまくいく 便利 効率がよい 実現可能 効果的だ	役に立たない うまくいかない 不便 非効率 不可能 効果的でない
経済	もうかる 経済的 コストパフォーマンスがいい	もうからない 割高 コストパフォーマンスが悪い
論理	一貫性がある 筋道が通っている 納得感がある 理性的	一貫性がない 矛盾している 腑に落ちない 感覚的
良識	道徳的 正しい 正当である 利他的	不道徳 正しくない 正当でない 利己的（自己中心的）

主張のタイプがわかると、発言者がどのような価値観を重視しているのかが理解できるようになる。同じ視点から賛否を述べてもいいし、違う視点を提供することもできる。

うことでしょう。

　このタイプの主張をする人たちが注目するのは「収益性」です。

　一番お金がかからない方法＝ベストな方法であり、費用を最小限に抑え、利益を最大限に増やすことを目指す考え方です。経営者的な視点で物事を見ていると言っていいかもしれません。

　ですから、何かに反対するときは、「お金がかかりすぎるからダメ」「かけている予算のわりに効果が出ていない」といった視点になるのです。


　3番目は「論理」。「人の命を奪ったのだから同じ命で償うべき（→死刑賛成）」「目には目を、歯には歯を」という極めてロジカルな考え方です。

　この考え方は、論理の一貫性を重視していて、ある意味では非常にシンプルな理屈と言えます。

　ただし、ロジックを重視するあまり、個人の感情や個々人の差異のような、目に見えず比較できない部分は切り捨てられる傾向にあります。

　このタイプの人は理屈が合っていれば賛成しますが、論理に飛躍がある、合理的でない場合には反対するでしょう。相手が少しでも憶測や感情にもとづいた発言をすると、「根拠がない」「説得力がない」と批判するのです。

最後は「良識」。善悪の意識（倫理）を強く持っているタイプです。

この場合は「たとえ犯罪者でも国が命を奪うことは許されない（→死刑反対）」という意見と「国は犯罪者から国民を守らなければならない（→死刑賛成）」という意見の組み立てが可能でしょう。

「倫理的な視点で死刑制度を支持するのは矛盾しているじゃないか」と考える人もいるかもしれませんが、殺人を犯した人を国というコミュニティから排除することは「正当」なのだという論理です。

「良識」の立場に立つ人たちが重視するのは、法律やルール、常識です。ですから「不当」「不平等」「権利の侵害」という視点で相手の意見を批判するでしょう。

4つのタイプはどれが正解でどれが間違っている、ということではありません。単純に、人が何かを主張するときにはこのどれかに立脚しやすいという話です。

また、あくまでも意見の分類であって、人の分類ではありません。

みなさんも、あるときは「経済」タイプで意見を述べ、別のときには「良識」タイプで発言することがあると思います。

また、ひとつの主張のなかに複数のタイプが重なることもあります。

「定例会議をリモート会議に移行することに賛成だ。移動時間を見込み客へのアプローチに充てられる」という意見には、道具タイプと経済タイプの主張が両立しています。

また、「自分は環境保護を推進している。飛行機は化石燃料を使うので乗るべきではない」という意見は、良識タイプと論理タイプ、それぞれの主張が入っていると考えられるでしょう。

相手の主張にどう反論するか

主張のタイプが判別できるようになると、相手が何かを主張したあとに応答しやすくなります。相手の主張に対して、自分は同じ切り口で返してみるか、それとも切り

道具+論理で主張中
15分の昼寝は集中力を高めることが科学的に証明されてるんです！
だから…あの…わが社にも〝お昼寝タイム〟を導入すべきです！

口を変えてみるか、というように、対応する場合の選択肢が絞られるのです。

先ほど「道具」タイプで死刑制度を支持する意見として「人は死を怖がるから死刑制度は犯罪の抑止力になる」というものがありました。

これに対しては、「死を恐れず、むしろ死刑を望んで犯罪を起こす人には死刑は抑止力にならない」「死刑制度を廃止した国でも事件の発生件数は増えていない」というように、相手の「道具」が使えないことを示して批判することができます。

相手の主張を批判するときは、「それを言うなら、この点が説明がつかなくなるよ」と言うことができますし、「じゃあ、この視点からはどう考える？」と問いかけてみるのもアリです。

また「囚人たちを養うお金がもったいない」という「経済」タイプの主張には、「囚人は刑務所内で労働をしている。出所後も仕事に就いて社会に貢献するだろう」と、同じ視点から反論することもできます。

主張のタイプを瞬時に判別するのは、最初は難しいかもしれませんが、慣れてくると議論がしやすくなるので、普段の会話のなかでも意識してみてください。

「とにかく家事の負担は平等じゃないとイヤ」なのか「時間がある人が率先してやればいい」なのか、そんなところにも主張のタイプが現れます。

ちなみに前者は「良識」タイプで、後者は「論理」タイプです。

折り合いをつけようとするときも、まずお互いの主張で大切にしている点を整理すると、その後の解決策が見つけやすくなるでしょう。

主張のタイプを判別しよう

相手の主張はどのタイプ？

では、４つの主張のタイプを見極めるトレーニングをしてみましょう。

トッズィ氏の挙げていた例は、現代の日本社会から見るとピンとこないものもあったので、私が独自に練習問題をつくりました。

それぞれどのタイプを使っているか、考えてみてください。

練習問題

《問題1》

ＬＧＢＴＱの人たちは子どもをつくらないから生産性がない。

《問題2》
投票率の低下が問題になっている。多くの人が投票に行けばそれだけ民意を反映させられるのだから、投票は義務化した方がいい。

《問題3》
小学生に連絡手段としてスマホを持たせるのは問題ない。

《問題4》
低賃金かつ劣悪な環境で労働者を働かせているメーカーがある。その会社の商品は購入を控えるべきだ。

《問題1　解答》
ある国会議員の問題発言です。まさに「生産性」という言葉が入るように、利益を重要視しているので「経済」タイプの主張ですね。
カップルは人口を増やすための「手段」として存在するという思考も垣間見えるの

で、「道具」タイプの主張も入っていると言えます。

《問題2　解答》

投票を義務化することは社会を変えるための手段として使えるという主張。「道具」タイプです。

《問題3　解答》

これも「道具」タイプの論理。スマホは身を守るための手段であり道具としてとらえています。

《問題4　解答》

これは最近「エシカル消費（倫理的消費）」と呼ばれているものです。人や環境に配慮したビジネスを行っている事業者や商品（サービス）を応援する消費活動のこと。「良識」タイプの主張ですね。

では、今度は先ほどの練習問題に、同じ主張のタイプを使って答えてみてください。

練習問題

《問題1》
LGBTQの人たちは子どもをつくらないから生産性がない。
▼「経済」タイプで反論

《問題2》
投票率の低下が問題になっている。多くの人が投票に行けばそれだけ民意を反映させられるのだから、投票は義務化した方がいい。
▼「道具」タイプで反論

《問題3》
小学生に連絡手段としてスマホを持たせるのは問題ない。
▼「道具」タイプで反論

《問題4》

低賃金かつ劣悪な環境で労働者を働かせているメーカーがある。その会社の商品は購入を控えるべきだ。

▼良識タイプ＋論理タイプで反論

《問題1　解答例》

異性愛者が生産性を大事にしているのなら避妊薬や避妊具などは開発されなかったはず。それでもこれらは開発されて十分に普及している。異性愛者も生産性を重視しているわけではない。

《問題2　解答例》

義務化ではなく奨励制にしてはどうか？　投票に行くと優遇措置があるなら投票率も上がるのではないか。

《問題3　解答例》

子どもにスマホを持たせることにより、保護者との連絡はスムーズになる。しかし、その道具が第三者によって悪用されてしまったら？　連絡先などの個人情報が知られてしまう原因になりかねない。

《問題4　解答例》

なぜ労働環境だけに限定するのか？　動物実験を経てつくられている化粧品や、熱帯雨林の破壊を招くとされる※パーム油の入った食品は消費し続けるのか？

4つの主張のタイプは相手が重要視しているものを判別するだけでなく、自分が何かを主張するときにも活用できます。主張の下支えをしてくれるので、中身が空っぽの意見ではなくなり、発言に説得力が増すでしょう。

また、行き詰まったら、これまでのステップを思い出してください。問いの立て方は正しいか？　言葉の意味ははっきりしているか？　疑うことを忘れていないか？

こんなふうに整理をしながら、さらに深く思考の海に潜っていきましょう。

※アブラヤシの実から採れる植物油。パーム油が採取されるプランテーションは熱帯雨林を伐採してつくられる。

COLUMN

思考を前に進める訓練——4つの接続詞

自分の意見をつくるときに役に立つ接続詞があります。

あるテーマについて考えるときに、4つの接続詞を呪文のように唱えると、スイッチが入るように自然と頭のなかが動き出すのです。その接続詞とは「そもそも／たとえば／確かに／でも」。

まずは「そもそも～」で前提に立ち返って問いを立てる。

次に「たとえば」で具体例を出す。

さらに「確かに」で具体例から導かれる一般論を示し、「でも」で一般論だけでは説明できない部分や足りない部分を示す、という流れです。

では、具体的な流れを見ていきましょう。

〝怠ける〟について考えてみます。

そもそも「怠ける」ことは悪いことなのだろうか?

たとえば「怠け者」と言うと、「やるべきこともやらないダメな人」というネガティブな意味で使われる。

確かに、怠けている人がいると誰かがその代わりをしなければならない。だから、迷惑だ。

でも、ウーバーイーツやネットスーパーは、買い物に出かけずにほしいものがすぐに家で受け取れるしくみだ。まるで怠けている人間を「そのままでいいんだよ」と認めているように思える。だとすれば、「怠ける」は経済を回していると言えないだろうか。

……このような流れです。

一番肝心なのは、最後の「でも」です。

一般論に意義を唱えることによって、自分の視点や立場が明らかになります。この違和感や疑問こそが、その人の独自性につながっていくのです。

哲学では、矛盾や逆説が思考を深めると言われています。

この例であれば、「怠ける」という言葉は一般的にはネガティブなイメージで使われるのに、それが認められている状況もある……というように、「怠ける」に関して相反する2つの見方が提示できるわけです。

実はこの4つは、ディセルタシオンで論述を書くときに、導入部分で意識すべきポイントだとされているものです。

これらをうまく使えば、すでに多くの人が賛同しているものや、広く普及しているものについて、「本当はどうだろう?」「別の見方ができるんじゃないか」と自分なりの意見を提示することができるでしょう。

世間の流れに簡単に流されない思考をつくるために、ぜひ、4つの接続詞を唱えながら、自分の意見をつくってみてください。

第6章

自分の答えを出す
――立場を選び取る

その「答え」の出し方、間違ってない？

「答え」を出すのは意外と難しい

最後のステップは「答えを出す」です。

「答えの出し方が、わざわざステップとして必要なの？」と疑問に思う人もいるかもしれません。確かに、答えをどう出すかについて、詳しく解説している本はあまり見かけませんよね。

でも、最終的にどのような答えを導くかは、意外と（？）難しいのです。

いつも当たり障りのないコメントをしている人は、答えを出すこと自体を避けている可能性があります。

また、せっかく答えを出しても「他の人の意見と違っていたらイヤだな」と口にできない人や「自分の意見なんて価値がないから」と黙ってしまう人もいるでしょう。

この章では、こうした「答え」を出すことに関する苦しみや課題を解消します。

なお、本章で扱う「答え」は〝結論〟と言い換えることもできます。ディセルタシオンでも、最終的な作業は「結論を書くこと」です。結論はフランス語でも英語でも〝conclusion（英語：コンクルージョン、フランス語：コンクリュジオン）〟。語源的には、ラテン語で「閉じる／終える」という意味の言葉からきています。つまり、掘り下げてきた思考の道筋にゴールをつくり、考えるプロセスに幕を引くことなのです。

良い結論と悪い結論

まず、知っていただきたいのは、「結論」には良い結論と悪い結論があるということです。内容自体の「良い」「悪い」ではなく、答えの出し方に望ましいものとそうでないものがある、ということです。

たとえば、みなさんのまわりにも、すぐに決めつけたがる人はいませんか？

ニュースで外国人による犯罪が報道されると、外国人はすべて危険人物のように見なして排斥すべきだと言う。

過激なゲームが子どもに悪影響を与えると聞くと、ゲームそのものの規制を強化すべきだと主張する。

このように、「外国人は危険だ」「ゲームは悪い」といった答えは、ある物事についての〝最終判決〟を下していることになります。

何かを「犯人」に仕立ててバッサリ断罪するのは気持ちがいいかもしれません。

しかし、ここまで本書を読んでくださったみなさんなら、この結論がどうして「悪い結論」なのか、わかりますよね？

そう、問いも立てず、疑いもせず、考えを深めもせずに判断を下しているからです。

とはいえ、結論を出すときには何らかの形で白黒をつけなければいけません。

この「白黒をつける」ことに抵抗を感じる人もいます。

もし、あなた自身もそう考えているのなら、難しく考える必要はありません。

何も絶対的な真理を導き出す必要はないのです。それぞれの人が、それぞれの視点で、その時点における結論を表明する権利があるのです。

その上で、結論を出すときには慎重かつ大胆になることが求められます。

では、どんなときに慎重になり、どんなときに大胆になればいいのでしょう？

演繹的思考――「前提」が間違っていないか？

まず、慎重になるべき場合には2つのパターンあります。

ひとつは演繹法《えんえきほう》を使って答えを導き出すとき。

演繹法を簡単に説明すると、一般的な事実や前提から、個別の結論を明らかにする方法のことです。

たとえば「鳥は空を飛ぶ」という前提があり、「スズメは鳥だ」という事実があるとき、「スズメは空を飛ぶ」と結論づけることができます。

一見、ロジカルで何も問題ないように見えますが、前提そのものに誤りがあると、答えも間違ってしまうので注意が必要です。

「自社製品の愛好者は20代の女性が多い」ことを出発点にして、「だから20代女性に人気のあるキャラとコラボすれば、さらなる売り上げ増が見込める」というように仮説を立てたとしましょう。

しかし、この結果が得られたアンケートをスマホでの回答に限定していたとすれば、どうでしょうか？　スマホよりパソコンの扱いに慣れている世代にも愛好者が多くいたかもしれないのに、回答ツールのせいで十分な回答が得られなかった（＝アンケート結果に反映されなかった）……ということがあるかもしれません。

このように、前提そのものに問題があると、答えが正しいとは言えなくなるのです。

演繹法は「ＡはＢである。ＢはＣである。だからＡはＣである」という論法ですが、ＡとＢに当てはまる前提事項が論理的に正しいのかどうか、確かめることが必要です。

帰納的思考――すべてにあてはめても大丈夫か？

もうひとつ、慎重になるべきパターンがあります。

それは、演繹法とは反対のアプローチである帰納《きのう》法で答えを出すとき。

帰納法とは演繹法の逆で、「個別→一般」の方向に向かって答えを出します。

個々の事例から普遍的な答えを出す方法で、物事を一般化する方法と言ってもいいでしょう。

スズメもハトもフクロウも空を飛ぶ。スズメもハトもフクロウも鳥である。だから鳥は空を飛ぶ。このようなロジックです。

ただし、この帰納法にも落とし穴があります。

自分の知っているサンプルだけで「すべての鳥は空を飛ぶ」という答えを出すと、ニワトリやダチョウのように飛べない鳥の存在を見落とすことになり、間違った答えを出してしまうことになります。

ビジネスシーンでは、過去に成功した事例を持ち出して、同じようにすればうまくいくはずだと信じて失敗する例が多々あります。

自分が経験してきたことや集めてきた事例を、全体にあてはめていいのかどうか。この点に注意しながら答えを出すようにしましょう。

私も本書のなかで「フランス人は……」と書いてきましたが、もちろんこれにも注意が必要です。すべてのフランス人がそうだというわけではありませんし、そう言いたいわけでもありません。

ですから、例に挙げた事柄は、あくまで「多くのフランス人と対話をしてきた、ひとりの日本人から見た見解」として読んでもらえたらうれしいです。

バンクシーの創作は許される？

結論を出すときに慎重になるべきケースについて解説してきました。

矛盾するようですが、慎重さが大事である一方で、大胆に結論を出さなければならないこともあります。

結論を出すという行為は「ある立場を選ぶ」ことだと言っていいでしょう。

そして、それは同時に「ある立場を選ばない」ことでもあります。

自分の意見をはっきり言えないのは、ある立場を選び取ると同時に、別の立場を捨てなければならなくなってしまう。その事実が不安だからではないでしょうか。

「結論を出す」とは、何らかの判断をすることです。

判断をするときには、賛成か反対か、正しいか正しくないか、現実世界のあり方に合致しているかどうかについて、判断する人の姿勢が問われます。

確かに勇気がいることですが、それでも私たちはひとつの立場を選ばなければならないのです。

「バンクシー」というアーティストをご存じでしょうか？

公共物や建物の壁にスプレーで社会風刺的な作品を描き、世界的に注目されている覆面アーティストです。神出鬼没で素性はよくわかっていません。その作品がロンドンのオークションで約29億円という高値で落札されたことでも有名になりました。

バンクシーの作品はどれも無許可で描かれています。この行為は許されるのだろうかという問いについて、一度日本の高校生たちと考えたことがありました。

そのとき、ある生徒が「感じ方は人それぞれなので、描かれた壁の所有者がイヤだと思ったら許されないし、バンクシーに描かれてうれしいと思えば許される」と発言しました。確かに一理あるように思えますね。

しかし、この主張は自分で結論を出していると言えるでしょうか？

あるいは「ある立場を選んだ」と言えるでしょうか？

答えは「ノー」です。

この生徒本人の立場、つまり、バンクシーの行為は許されるべきか、それとも処罰されるべきかが明らかになっていません。

実際、私もフランスに来るまではこのような答え方をよくしていたので、その生徒の気持ちはよくわかります。けれど、ここはやはり、もっと大胆に自分の答えを表明した方が活発な議論ができるでしょう。

同じ議論で「今の法律では許容されないので許されない」と言った生徒がいました。この結論を、みなさんはどう思いますか？

単にバンクシーの行為を法律にあてはめているだけのようにも見えますが、自分の立場を十分示しています。法律という私たちの社会が拠りどころとするルールにのっとればアウトだ。だから、バンクシーもアウトだ、という論理です。

自分は法律を最も大切にする立場に立つ、ということですね。

あるいは、「バンクシーが自分の家の壁に絵を描いたとしたら、自分は許せる」と言うだけでもいいのです。

反対に「バンクシーのやっていることは単なる落書きだ。どんな落書きも許されるべきではない。だから、バンクシーの行為は許されない」でもOKです。

自分がどこかのポジションに立って、バンクシーの行為をジャッジする「判決文」を出すことが大事なのです。

「私は〜思います」は捨てていい

結論を述べるとき、みなさんにぜひ心掛けてほしいことがあります。

それは断言すること。

できるだけ、言い切る形で主張してみてください。

これは、前述したような安易な〝決めつけ〟とは、まったく違います。

自分がじっくりと考えて出した結論に自信を持つということです。

私は留学中、レポートや論述試験のなかでいつも「〜だと思います」と書くクセがついていました。すると、それを見た教授から「ここにはあなたの思ったことしか書かれていない。だから、いちいち『思います』は書かなくていい」と指摘されたのです。

その言葉にハッとしました。

確かにフランス人の文章には「思います」という言葉はなく、「〇〇は××だ」と断定的に書かれています。考えてみれば、どんな人も自分の考えたことしか言えないのですから、あえて「思います」を書くのは意味がないのだと納得しました。

それ以来、私は「思います」をあまり使わなくなりました。この言葉を多用している文章を見ると、自信がなく、煮え切らない感じがしてしまいます。

裁判長が判決文を述べるときに、

「多分、〇〇だと思います」

「私はこう思うけど、感じ方は人それぞれです」

こんなふうに発言したらどうでしょう？「はっきりしてくれ！」と思いますよね。

結論を伝えるときも同じです。あくまでもその時点での自分なりの思考の結果だと割り切って、大胆に言い切るようにしてください。断言することに慣れてくると、何かを主張するのがこれまで以上に爽快になります。


ここまで、結論を出すときに注意すべきことをまとめてみました。

フランスの哲学教育でも、生徒一人ひとりにきちんと「結論」を出すことを求めています。また、哲学の教科書にも、「最終的には自分の出した結論を受け入れ、その結論に責任を持ちなさい」と書かれています。こうした教育を受けているため、フランス人は、自分で考えて出した結論を堂々と主張し、断言できるのでしょう。

みなさんも、最後は自分の答えに責任を持って堂々と主張してくださいね。

思いますは
要らないのよ。
あなたの発言は全部
「思っていること」でしょ？

なぜ私たちは自分の意見が言えないの？

意見を言えない原因は学校教育？

ところで、私たちはなぜ意見が言えないのでしょうか？

自分のなかで結論が出ていても、それを言いづらいと感じることがありますよね。

先ほど、その理由は自分が何らかの立場を選ぶ（あるいは選ばない）ことが怖いからではないかと書きました。しかし、大きな原因は学校教育によってつくられているのではないか。私はそんなふうに考えています。

実は私は両親と兄弟、そしてフランス人のパートナーも教師という教員一家です。また、私自身も教育学部の出身ということもあり、知り合いには学校の先生が多くいます。ですから、生徒の表現力を強化しようと頑張っている先生たちがたくさんいることはよくわかっています。

それでも日本の現在の学校教育は、先生にはどうしようもできない構造的な問題を抱えていて、それによって生徒が自由に意見を言えない環境がつくられているのです。

私たちを苦しめる縦と横の圧力

意見を言えない原因のひとつに、〝縦〟の圧力と〝横〟の圧力の存在があります。

私たちは学校で偏差値や成績によってランク付けされます。順位が決められる以上、上位を目指すためにはどうしても効率的に考えざるをえないでしょう。

とにかく、言われたことだけをやって成績を上げなければいけません。

そんななかで、本書で紹介したような、

「〇〇は本当に正しいと言えるのか？」

「それが唯一の正解なのか？」

「そもそも、この言葉の意味をもっと掘り下げる必要があるんじゃないか？」

こんなふうに問いを投げかけたり、疑ったりすることは、残念ながら目標達成には必要のない視点だと切り捨てられてしまいます。思考を掘り下げることは「ムダ」だと見なされてしまうのです。これが、学校から向けられる縦の圧力です。

一方、横の圧力とは、友人やクラスメイトといった同年代からのものです。

これは、普段の言動に強い影響を与えます。

人と違うことを言うと「アイツは理屈っぽい」「変わってる」と思われ、仲間外れになるかもしれない。そんな恐怖から、無難な発言をすることに慣れてしまう。

なぜなら、それが自分の身を守る術だからです。

そんな環境で「自由に意見を言おう」と言われても、何も響かないのは当然です。

このように、多方向からの圧力があることで、私たちはなかなか自分の意見を発信できません。それどころか、自由に考える環境をつくることもできないのです。

考える力を奪う一問一答形式の問題

学校の試験にも問題があるかもしれません。

日本の学校で行われる試験では、ほとんどの場合、正解はひとつしかありません。

いわゆる一問一答形式です。

フランス人に、日本では大学入試でもこの形式の問題が多いと言うと、とても驚かれます。

「選択肢を選ぶだけで大学に入れるなんて」
「暗記力しか評価されていないじゃないか」
そんなふうに言われたこともあります。
フランスではバカロレアでの論述試験だけでなく、小学生や中学生の国語の授業などでも、「この物語の続きを書きなさい」とか、「次の抜粋について批評しなさい」といった問題が多いので、なおさら驚かれるのでしょう。

日本で一問一答形式の問題が好まれるのは、採点が効率的だからかもしれません。実際、フランス式の試験問題の採点には時間がかかります。

哲学の論述を採点する際には、A4用紙8枚ほどの論述を読みながら、「言葉の定義はされているか？」「問題を提起しているか？」「ロジックに一貫性はあるか？」というように、いくつも項目をチェックしていかなければなりません。

論述の採点は減点方式ですが、正解がないので採点者によって多少のズレが生じます。そういった意味では、採点する側にとっては負担の大きな問題形式でしょう。

それでも、一問一答形式の試験は、考える力を養うという視点からはデメリットばかりだと言わざるをえません。なぜなら、誰かが決めた正解を当てることだけが求められていて、自分がどう考えたかといったプロセスは重視されないからです。

唯一の正解を求める社会

ここまでは学校教育の話だったので、自分とは無関係だと思った人がいるかもしれません。でも、重要なのはここからです。

私はこの一問一答の問題形式が、日本人の思考を縛っている最大の原因なのではないかと考えています。

日本では、社会に出てからも、唯一の〝正解〟を当てることが求められます。

会社に入ると身だしなみや正しい電話応対、敬語の使い方、冠婚葬祭のルールなど、その場にふさわしいマナーをマスターしなければいけません。

日常生活でも、電車の乗り方から公園の使い方まで、多くの正解がありますよね。

人間関係でも「空気を読む」という正解探しがあります。

その場の雰囲気を見て、自分が今、どんな発言をすべきか（すべきでないのか）判断することが求められます。どんなに言いたいことがあっても、場の雰囲気を壊すことになれば、それは「不正解」と見なされるでしょう。この不正解の烙印《らくいん》を押されるのが怖くて、私たちはなかなか自分の意見を言うことができません。

私たちは、日々こんなにもたくさんの正解を探しながら生きているのです。

自分ではない誰かによって決められた正解を探すのは、ちょっと疲れますよね。

ひとつの問いに対して、ひとつの正解しかないというのも窮屈です。

登場人物の気持ちなんてわからない

私がフランスに留学して気がついたのは、日本の学校教育では「他者の内面に焦点を当てる課題」が多いということです。

国語の授業で物語を読むときには、「このときの登場人物の気持ちを読み取りなさい」といった問いがよく出題されます。読書感想文でも、良い感想文として評価されるのは、登場人物の心情に寄り添った文章でしょう。

しかし、フランスの学校ではこのような課題は一切ありません。

そもそも、誰がどう思ったかなんて他人からはまったく推測できないことですし、予想するのもおこがましいと考えているからです。

人には他人から推し量れない内面がある。それは当たり前のことであり、仮にわかったとしても、それを評価することなどできません。

ところが日本では「感想」に点数をつけたり、気持ちの読み取りに正解・不正解を設定したりしています。本来は正解など存在しないものが評価対象になっている点は問題でしょう。まるで「このように思わなければならない」というルールが定められていて、感受性レベルでの正解が存在しているかのようです。

ただし、そんな日本でも哲学の世界、つまり考えることに関しては正解を見つけなくても怒られることはありません。

そもそも何が正しくて何が間違っているかなんて、誰にも決められないのですから。

この世界には絶対的な正解など存在しないのです。

本書のなかで何度もふれている、「自分にはこう見えている」「自分はここに立っている」という視点や立場の表明を、それぞれがしていくしかありません。

そこにあるのは「正解」ではなく、複数の「答え」です。

「みんなちがって、みんないい」の先にあるもの

「みんなちがって、みんないい」という言葉がありますね。

金子みすゞの「私と小鳥と鈴と」という詩のなかにある一節です。

この言葉は、私が小学生の頃、教室の正面に大きな文字で掲げられていました。

ちょうど、「個性」という言葉が頻繁に使われるようになった頃でした。

当時の私はとても良い言葉だと思っていたのですが、今はこれだけでは不十分だと感じます。私たちは、さらに「その先」を目指すべきではないでしょうか。


「私と小鳥と鈴と」という詩は、私ができないことを小鳥はできるし、小鳥のできないことを私はできる、みんな違う存在なのだ、と多様性の尊さを謳《うた》っています。

でも、それは当たり前ですよね。人間は一人ひとりがまったく違う存在です。その事実を「違っていてもいい」と結論づけるのは、当たり前のことを確認しただけ。

つまり、「みんなちがって、みんないい」は、やっと話し合うための前提に立ったにすぎません。

「みんなちがって」いるからこそ、対話や議論が必要なのではないでしょうか。

自分と異なる意見にも耳を傾ける

以前、ある研究者が「みんなちがって、みんなどうでもいい」というマインドになるべきだ、とSNSで発言していました。他人に対してあまり関心を持たない方が生きやすくなるという趣旨だと思うのですが、私はこの発言に違和感を覚えました。「みんなちがって、みんないい」と「みんなちがって、みんなどうでもいい」はまったく別の考え方です。前者はお互いを認め合っていますが、後者は他人に無関心でいることを勧めています。

最近は社会に分断が広がり、他者が自分にとって害を及ぼす存在でなければ、彼らが何をしよう（言おう）と無関心でいる人が多いようです。

日本には昔から「ウチとソト」という概念があります。身内や親しい人たちで構成される「ウチ」と、それ以外の「ソト」。これらを明確に区別して、ウチのことには関心があるけれど、ソトのことには知らんぷりという態度が、この「どうでもいい」には現れています。

「無関心」には、他者へのリスペクトが感じられません。

他者と関係性を持とうとするときに、敵か味方かで判断しようとするのが最近の風潮です。とくにＳＮＳでは、自分の意見を批判されると敵だと見なして徹底的に攻撃し、反対に味方になってくれる人には共感や賛意を示すような極端なコミュニケーションがとられています。

でも、誰もが自由に意見を言えるようになるためには、自分に不都合なことを言われても、感情的に反応するのではなく、まずはその意見を尊重し、耳を傾けるべきでしょう。もちろん、意見の内容が人格否定などではないことが前提です。

尊重＝賛成ではありません。

「それもひとつの見方である」と、その人の視点を受け入れるということです。こうして、お互いの視点を交換するなかで、本当の意味での「みんなちがって、みんないい」が生まれるのではないでしょうか。

たとえ自分とは違う意見でも、まずは冷静に受け止めてみる——。この信頼の基盤が築かれない限り、自由に意見を言い合うのは難しいのではないでしょうか。

自分の意見に自信を持つ4つの心構え

今の世の中では「考えたことを気軽に発言していい」「自分の意見を自由に主張できる」という意識が広く共有されているとは言えません。

むしろ、「あまり主張しないようにしよう」と考える人の方が多いのではないでしょうか。

私は一人ひとりが考え方を変えれば、徐々に状況を変えていけると信じています。

そこで、最後に自分の意見を抵抗なく言えるようになる「心構え」を紹介します。

どれも今すぐに意識できることなので、ぜひ試してみてください。

自分の考えを外に向けて発信するときに、この心構えがみなさんの心のブレーキをゆるめる役割を果たしてくれたらうれしいです。

相手に配慮しすぎる必要はない

私たちは、小さい頃から「相手の立場に立って考えなさい」と言われてきました。

そして、「自分がされたら嫌なことを人にしない」「自分が言われて嫌なことは人に言わない」と教えられてきました。

確かに相手の立場に立つことは、人間関係を円滑にする上では大事なことでしょう。

ですが、相手に配慮しすぎるのもまた、意見が言えなくなる要因なのです。


フランス人は、良くも悪くも他人にあまり気を使いません。

私も日本にいた頃は、「人の気持ちを察しなきゃ」「空気を読もう」と頑張っていた方でした。でも、フランスではそうした気疲れがなくなりました。他人に気を回しすぎることがなくなったという言い方の方が正しいかもしれません。

たとえば、誰かが「疲れた」と言ったとしましょう。

こういう場合、日本ではそれを聞いたまわりの人が「大丈夫？　少し休んだら？」「あとの仕事はもういいから、早く帰りなよ」と声をかけるのではないでしょうか。

人によっては、リラックスするために飲み物を用意してくれるかもしれません。

ところが、フランス人はそういうことをしないのです。

誰かが「疲れた」と言ったら、それは単にその人がそう言いたかっただけ。それ以上でも、それ以下でもありません。「お腹がすいた」と言われても、それは「何かつくってほしい」「食べ物があったら分けてほしい」でもないのです（私はこれが理由で数え切れないほどパートナーともめているのですが……）。

もちろん、これはフランスと日本の違いというよりも、性格の違いもあるかもしれません。フランス人でも気を回す人はいますし、逆もまた真なりです。

配慮に関する日仏比較をしたいのではなく、私が言いたいのは「相手がどう思うか」をフランス人と同じように（？）気にする必要はないのではないか、ということです。

議論をするときも同じでしょう。

自分の意見を言えないのは「どうでもいい意見だと思われるかな」「これを言ったら相手はどう思うだろう」「○○さんの意見に反対したら感じ悪いだろうな」と気を使いすぎるからです。

この点は私もかつてはそうだったのでよくわかるのですが、今では他人の考えを

「きっと〜だろう」と決めつけてしまうことこそ、「視点の交換」を妨げている原因なのではないかと考えています。

自分が考えたことを誰かに忖度《そんたく》することなく、発言しましょう。多少の訓練が必要ですが、慣れてくれば他人の目を気にしないで意見を言えるようになるはずです。

「個人の勝手な意見」だと開き直る

以前、日本の高校生たちと「哲学教室」を開催したときのことです。

そのとき、意見を言うたびに、「これは個人の勝手な意見ですが……」と必ずつけ加える生徒がいました。

発言するためのハードルを下げようと、「世の中の意見には個人の勝手な意見しかないですよ」と私が言うと、彼は虚をつかれたような表情になり、それからは自由に議論することができるようになりました。

私たちは、専門家や評論家の発言には価値があって、自分の意見なんて取るに足りないものだと思ってしまうところがありますよね。

「平社員なのに幹部が決めたことに意見すべきではないだろう」

「納得できない説明だけど、無知な自分が指摘するのはおこがましい」

こんなふうに考えて自分の意見を引っ込めてしまった経験はないでしょうか。

確かに、知識にもとづいた説明であれば、その分野の専門家の言うことの方が信頼できそうだと考えるのはわかります。

でも、一般人で原子力発電について正しく知っている人がどれだけいるでしょう？

地球温暖化の原因を説明できる人は？

新型コロナのワクチンの効果についてはどうでしょう？

専門家ではない私たちが科学的な知識をもとに意見を述べることは難しいのですが、たとえ知識がなくても、原子力発電について意見を言う権利はあります。地球温暖化やワクチンについても同様で、自分が思うところを発言してもよいのです。


むしろそれがなくなってしまうことの方が危険でしょう。

立場が弱いから、地位が低いから、専門家ではないから何も言う権利がないと口を閉ざしてしまえば、そこに議論は生まれません。

フランスで暮らしていると、デモは日常茶飯事。また、「個人的」で「勝手な」意見だと、気兼ねすることなく自分の立場を表明しています。なぜなら、自分の意見を発しないということは、その人は何も考えていないと見なされてしまうからです。

意見を言うべきかどうか迷ったら、「個人の勝手な意見で何が悪い？」とつぶやいて、思いきって自分の考えを外に出してみましょう。

議論を〝テイクアウト〟する

議論をしていて、その場で自分の意見が言えないこともあるでしょう。

「自分の気持ちははっきりしているけど、あてはまる言葉が見つからない」

「相手の発言にモヤッとするけど、その正体がわからない」

「議論のスピードが速くてついていけない」

こういうときは、なかなか口が開かないものです。

これは、あなたの中で意見を発信する準備ができていないだけ。それなのに「何か言わなきゃ」と焦るから、よけい頭のなかが混乱してしまうのです。

こういう場合は、無理に発言する必要はないと私は思います。

飲食店のなかには店内で食べるか持ち帰るかを選べるケースがありますが、その場で意見を言えなかったときは、議論も〝テイクアウト〟してみましょう。

会話や会議ではどんどん話題が移り変わっていくので、適切なタイミングで自分の主張をするのは難しいかもしれません。

でも、持ち帰れば時間の制約に縛られずに整理することができます。

自分が探していた言葉は何だったのか？

相手と自分の言葉のダイヤルは合っていたか？

相手の主張はどんなタイプだったのか？

こうしたポイントについてゆっくりと整理してみてください。もし、意見がまとまったら、あとで提出したり、別の機会に表明することもできるでしょう。

このとき、自分の意見を「書く」ことをお勧めします。

ブログやSNS、自分のノートなど、何でも構いません。

「書く」という行為は誰からも急《せ》かされませんし、口頭で伝える場合と違ってあとで直すこともできます。あなたの思考の痕跡を残すつもりで、ぜひ自分なりの答えを書いてみてください。

その場で出た意見とじっくり考えて出た意見、この2つに優劣はありません。意見の組み立てにかかった時間は、その意見の価値とは関係ないのです。

大事なのは考え続けること。違和感をそのまま放置せず、その正体が何だったのか突き詰めてみる。そこから自分の意見が少しずつ形成されていくのです。

横並びで話してみる

最後に、もうひとつ私がお勧めしたいのは、「話すときに相手の隣に並んでみては？」ということ。

言いたいことはあるけれど、面と向かっては話せないという人がいます。

その気持ちはよくわかります。

とくに先生と生徒、上司と部下、先輩と後輩のような関係性で話す場合、立場が下の人は目の前の相手に自分の意見を伝えられない。そんなこともあるでしょう。

人の視線にはパワーがあるので、見られていると思うだけで緊張するものです。

ディベートや国会での議論では、お互いに向かい合って意見を戦わせますよね。

言葉で勝敗を決める場面では、その性格上、向き合うことが多くなります。

しかし、この本ではそうした対立関係で議論することを勧めていません。

私がこれまで紹介してきた「考えを深めるための議論」は、相手と同じ方向を見て、それぞれが見ている世界について話すイメージです。

同じ景色を見ているようでも、見る人によってこんなに注目するところが違うんだという発見があります。

自分の意見を伝えることに苦手意識がある人は、話したい人と同じ方向を向いてから、話してみてください。


もちろん、これが実践できる場面は限られると思います。

会議でみんなが同じ方向を見ながら議論をすることはないですよね。

でも、席がある程度自由に決められる会議なら、苦手な人と同じ列に座って直接視線が交わらないようにすることもできるはず。

開発部の声も少しは聞いてもらいたいんですよね
営業はスピード重視だから…つい先走っちゃって。悪かったなァ

プライベートでも、家族や彼・彼女と深刻な話をするときに横並びで会話するように環境を整えることはできるでしょう。そうするだけで、意見を伝えるときの心の負担がかなり軽くなるのではないでしょうか。

以上、自分の意見をためらわずに言うためのヒントを挙げました。

せっかく本書でご紹介した意見の組み立て方を実践しても、心理的なプレッシャーによって、意見が言えなくなってしまうのは残念なことです。

私が最後に言いたいのは「自分の意見を主張するのは特別な行為ではない」ということです。フランス人がいつでもどこでも議論を始めるように、それは息を吸って吐くように当たり前の営みなのです。

「こんなこと、言っていいのかな……」なんて思う必要はまったくありません。

どんな些細なことでも、あなたが考えたことは大事な意見です。

あなたの視点は、あなたにしか語れません。

あなたがそれを語らなければ、他の誰も同じことを語れないのです。

だから、自分で考えたことに自信を持ってください。
自分で考え、自分の力で答えを出したという事実を誇りに思ってください。
あなたの答えは、誰かに聞かれるのを待っています。

おわりに

本書では、5つのステップで自分の意見を組み立てる方法をご紹介しました。

いかがでしたか？

日本の読者にはあまりなじみのないフランスの哲学メソッドを取り上げましたが、決して「フランスはすごい！」「フランス流を導入すべき」という意図で本書を書いたわけではありません。

でも、そうは言っても、私自身がこの考え方のステップで変わることができたのも事実です。「考える」という〝誰もがしていることなのに、どうすればいいのかよくわからない行為〟がもっとクリアになるように、そして身近に感じられるように、私自身が経験から得たものをみなさんと共有したかったのです。

考えることはエネルギーを必要とする作業です。

考えることに慣れていない人に問いを投げかけると、「もうわからない」「どうでもいい」といった投げやりな言葉が返ってきます。日頃、まったく運動をしていない人が急にマラソンを完走することができないように、考えることも続けていくことで持久力がつくのです。

考えることが大変なのはフランス人だって変わりません。

実際、私がフランスの高校生たちに哲学を教えていたときには、彼・彼女らも苦戦していました。なるべく考えないで楽に良い点数を取るコツを私に教えてほしいと頼んできた生徒もいます。

それでもやはり、私たちは考えることをやめてはいけないのです。

今の世界は「考えない」ことを推奨しているようです。

たくさんの人たちを自分が導きたい方向へ導き、思い通りに行動させたい。

そう考えた人がいたとします。

その人にとっては「考えない人」が多い方が好都合でしょう。

誰も考えなければ、説得する手間もなく、スムーズに事を運べるのですから。

私はこのことに危機感を持っています。それぞれの人が自分の意見を言えずにアタフタして困るよりも、もっと深刻な問題が生じるでしょう。

普段から自分の意見を表明し、これを書いている今もデモ行進に積極的に繰り出しているフランス人たちを見ていると、日々、自分の考えを持つ重要さを実感します。

この本が、自分の頭で考えること、そして自分の意見を持つことの大切さについてみなさんが考えるきっかけになれば幸いです。

考えることの大切さをひとりでも多くの人に感じてもらえるように、私はこれからも活動を続けていきます。

著者

参考文献

『教育は何を評価してきたのか』（2020）
本田由紀／岩波新書

『〈政治〉のこれからとアーレント：分断を克服する「話し合い」の可能性』（2022）
佐藤和夫／花伝社

『Penser par soi-même : Initiation à la philosophie (8e édition) 』（2020）
Michel Tozzi ／ Chronique Social

『Méthodologie philosophique (3e édition) 』（2013）
Philippe Choulet, Dominique Folscheid, Jean-Jacques Wunenburger
／ Presses Universitaires de France - PUF

『Philosophie Tle voie générale』（2020）
Michèle Ménard, Raïssa Maillard, Raphaël Ehrsam, Olivier D'Jeranian ／ Hatier

『La philosophie de A à Z (nouvelle édition) 』（2021）
Pierre Kahn, Elisabeth Clément, Chantal Demonque, Michaël Foessel, Fabien Lamouche, Michel Delattre,
Laurence Hansen-Løve ／ Hatier

『Réviser son bac avec le Monde 2022, Philosophie Tronc commun』（2021）
Léa Antonicelli, Thomas Bonnet, Damien Caille, Richard Mèmeteau, Christophe Welcker ／ rue des écoles

『La philo expliquée aux enfants』（2022）
Tahar Ben Jelloun ／ Gallimard Jeunesse

平山美希（ひらやま・みき）

哲学講師
1989年、千葉県生まれ。千葉大学教育学部を卒業後、フランスのソルボンヌ大学へ編入。同大学院哲学科修了。現地の高校に哲学教師として赴任した際に、「考える力」や「議論する力」が重要視されていることを実感。以来、フランス流の哲学的アプローチを日本の子どもたちに広めるために、小中学生、高校生向けの哲学教室や作文添削講座を主催するなど、積極的に活動を展開している。専門はシモーヌ・ヴェイユ。現在は2人の子育てをしながら思索にふける日々を送っている。

ブックデザイン　吉村朋子
イラスト　いわきみちお
本文図版・DTP　讃岐美重

「自分《じぶん》の意見《いけん》」ってどううくるの？
哲学講師《てつがくこうし》が教《おし》える超《ちょう》ロジカル思考術《しこうじゅつ》

2023年4月28日　第1版　第1刷発行
2024年4月11日　　　　　第5刷発行

著者　平山美希

発行所　WAVE出版
〒102-0074　東京都千代田区九段南3-9-12　九段ニッカナビル2階
TEL 03-3261-3713　FAX 03-3261-3823
振替　00100-7-366376
E-mail:info@wave-publishers.co.jp
http://www.wave-publishers.co.jp

印刷・製本　中央精版印刷株式会社

NDC336　231p　19cm　ISBN978-4-86621-452-8
